高校体育教学发展研究创新

韩秀英 ◎ 著

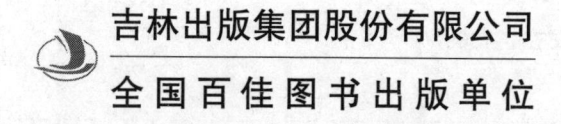

吉林出版集团股份有限公司
全国百佳图书出版单位

图书在版编目（CIP）数据

高校体育教学发展研究创新 / 韩秀英著. -- 长春：吉林出版集团股份有限公司，2022.7
ISBN 978-7-5731-1569-0

Ⅰ.①高… Ⅱ.①韩… Ⅲ.①体育教学－教学研究－高等学校 Ⅳ.①G807.4

中国版本图书馆CIP数据核字(2022)第096170号

GAOXIAO TIYU JIAOXUE FAZHAN YANJIU CHUANGXIN
高 校 体 育 教 学 发 展 研 究 创 新

著　　者	韩秀英
责任编辑	张婷婷
装帧设计	朱秋丽
出　　版	吉林出版集团股份有限公司
发　　行	吉林出版集团青少年书刊发行有限公司
地　　址	吉林省长春市福祉大路5788号（130118）
电　　话	0431-81629808
印　　刷	北京昌联印刷有限公司
版　　次	2022年7月第1版
印　　次	2022年7月第1次印刷
开　　本	787 mm×1092 mm　1/16
印　　张	8.75
字　　数	175千字
书　　号	ISBN 978-7-5731-1569-0
定　　价	58.00元

版权所有·翻印必究

前　言

　　随着教育改革的不断深入，社会对高校体育教学的重视程度越来越高，追根溯源，主要是因为其能促进学生德智体美劳的全面发展，强化学生身体素质，使之以更好的身体素质去应对未来的工作与生活。但现阶段，依然有部分高校忽视了体育教学的重要性，过于看重学生理论知识的学习，导致学生的身体素质较差。

　　在高校教育教学的过程中，体育教学作为培养高素质人才的核心之一尤为重要，但部分高校对此认知不够全面。新课改要求各高校对体育教学保持高度重视，注重学生综合素质的提升，深入分析影响高校体育教学发展的因素，并提出切实可行的解决措施。除此之外，体育教师要积极研究更加适宜的教学模式，将体育文化与实践建设落到实处，进一步培养高素质人才。

　　高校体育的教学目的在于提升学生的综合素质，体育教师应以学生的实际情况为基础，帮助其科学地制订学习计划，并严格督促其达到目标，强化学生的体育锻炼意识与规范，促进学生身体素质的全面发展。除此之外，针对确立体育创新任务来讲，也要基于学生身体素质和接受程度，科学合理地设定体育教学计划与内容，使学生始终保持良好的身体素质。

　　当前，需要对高校体育教学投入更多的精力，这不仅会潜移默化地影响学生对体育教学的看法，也会影响我国高校体育教学的发展；需要加大对高校体育教学的重视程度，为学生提供可训练的场所与设备；体育教师也要积极研究满足新时期的教学模式，以此来提高学生的身体素质。

　　综上所述，促进高校体育改革作为教育发展的重要举措，高校体育教师应贯彻落实体育改革思想，深入分析影响体育教学发展的因素，从根源入手，积极创新体育教学模式，科学设定教学目标与创新任务，为我国高校体育教学的发展提供动力。这也有利于增强学生的身体素质，促进学生的全面发展。

目 录

第一章 高校体育与健康 ... 1
- 第一节 健康与体育锻炼 ... 1
- 第二节 体质健康与体育锻炼 ... 7
- 第三节 心理健康与体育锻炼 ... 15
- 第四节 社会适应与体育锻炼 ... 25

第二章 高校体育教学概述 ... 34
- 第一节 体育教学指导思想与制约因素 ... 34
- 第二节 体育教学体制的目标、内容、方法和评价 ... 36
- 第三节 体育教学现状的分析和创新设想 ... 46
- 第四节 体育教学环境的设计与实施 ... 47
- 第五节 体育教学模式发展趋势研究 ... 50
- 第六节 体育教学改革的研究 ... 54

第三章 高校体育教学技术研究 ... 62
- 第一节 网络教育技术与高校体育教学 ... 62
- 第二节 信息技术与高校体育教学 ... 65
- 第三节 多媒体技术优化高校体育教学 ... 67
- 第四节 高校体育教学技术健身论思想 ... 69
- 第五节 高校体育教学中的 VR 技术 ... 73
- 第六节 高校体育舞蹈教学中渗透信息技术 ... 75

第四章 高校体育教学设计改革 ... 81
- 第一节 体育教学设计的基本理论 ... 81
- 第二节 体育教学设计的现状 ... 88

第五章　高校体育教学渗透心理健康教育……………………………… 92
第一节　高校体育教学渗透心理健康教育的含义与作用……………… 92
第二节　高校体育教学渗透心理健康教育的目标与过程……………… 97
第三节　高校体育教学渗透心理健康教育的内容与方法……………… 101

第六章　大学生体育教学训练方法路径………………………………… 116
第一节　力量素质和速度素质训练……………………………………… 116
第二节　耐力素质和柔韧素质训练……………………………………… 121
第三节　灵敏素质训练…………………………………………………… 127

参考文献……………………………………………………………………… 132

第一章　高校体育与健康

健康是人类生活的永恒话题，现代社会的迅速发展加快了人们的生活节奏，也给人们的健康生活带来了新的问题。了解健康与体育锻炼之间的关系，掌握促进体质健康的原则与方法，合理选择适宜的体育锻炼手段来提高自身的心理健康水平和社会适应能力，是高校体育学习的重要内容。

第一节　健康与体育锻炼

"生命在于运动"，这句话很好地诠释了体育锻炼对于保持健康的重要性，人类通过体育锻炼能达到强身健体、延年益寿的目的。拥有健康的身体是每个人的愿望。本节将对健康的概念和标准，以及体育锻炼对健康的促进作用等问题进行全面的阐述。

一、健康概述

（一）健康的概念

1948年，世界卫生组织（WHO）首先提出了健康的概念，认为"健康不仅是免于疾病和衰弱，而且是保持身体、精神和社会适应方面的完善状态"。1974年，WHO对健康的定义是："健康是人的肉体、精神与社会的康乐的完善状态，而不仅仅指无疾病或无体弱的状态。"1979年，世界卫生组织在《阿拉木图宣言》中重申："健康不仅是疾病和体弱的匿迹，而且是身心健康、社会幸福的完美状态。"

近年来，世界卫生组织再次将健康的外延拓宽，即把道德修养和生殖质量也纳入健康的范畴。将道德修养作为精神健康的内涵，认为健康者不通过损害他人的利益来满足自己的需要，具有辨别真与伪、善与恶、美与丑、荣与辱等是非观念，能按照社会行为规范准则来约束自己及支配自己的思想和行为。加强道德修养不仅对自身的健康有益，也对社会文明、人类长寿大有裨益。生殖健康是指人在生殖过程中，生理、心理和社会关系等方面都处于良好状态，妇女可以安全地经历妊娠和分娩，初生的婴儿能存活并健康成长。生殖健康这个新概念把生殖问题从单纯的医学范畴扩展到经济、社会等更加广阔的领域，把生殖健康与整个社会的发展、人口的增长、人的生命素质，全人类的共同进步等重大问题都紧紧地联系在一起。

根据生物、心理、社会多种因素对体育与医学的渗透和对健康的影响，世界卫生组织精辟地指出，健康乃是人在躯体上、精神上和社会上的完美状态，而不仅是没有疾病和衰弱状态。人的健康是同生物的、心理的、社会的、道德的、生殖的五个因素联系在一起的。目前，世界各国学者公认这是一个全面的、明确的、广泛适用的、科学的健康概念。

（二）健康的标志和表现

我国医学专家认为健康的表现包括四个方面：身体各部分发育正常，功能健全，没有疾病；体质状况好，对疾病有高度的抵抗能力，并能吃苦耐劳，担负各种艰巨繁重的任务，能经受多种自然环境的考验；精力充沛，能经常保持清醒的头脑，全神贯注，思想集中，对工作、学习都有较高的效率；意志坚强，情绪正常，精神愉快。

世界卫生组织提出"五快三良好"的健康表现："五快"是针对生理健康而言的，即：吃得快，是指胃口好，不挑食，吃得迅速，消化功能正常；便得快，是指上厕所时很快排通大小便，胃肠功能良好；睡得快，是指上床即能熟睡，深睡，醒来时精神饱满，头脑清晰，中枢神经系统的兴奋、抑制功能协调，且内脏不受任何病理信息的干扰；说得快，是指语言表达准确、清晰流利，思维敏锐，反应良好，心肺功能正常；走得快，是指行动敏捷自如，运动系统功能良好。"三良好"是针对人的心理健康而言的，即：良好的个性，是指性格温和，意志坚强，感情丰富，胸怀坦荡，心境达观，不为烦恼、痛苦、伤感所左右；良好的处事能力，是指沉浮自如，客观观察问题，具有自我控制能力而能适应复杂的社会环境，对事物的变迁保持良好的情绪，常有知足感；良好的人际关系，是指待人接物宽和，不过分计较小事，能助人为乐，与人为善。

此后，世界卫生组织总结并确定了人群健康的十项标准，它们是：精力充沛，能从容不迫地担负日常繁忙的工作；处世乐观，态度积极，乐于承担责任，事无巨细；善于休息，睡眠良好；应变能力强，能适应环境的各种变化；能抵抗一般的感冒和传染病；体重适中，身体匀称，站立时头、肩、臀位置协调；眼睛明亮，反应敏捷，眼和眼睑不发炎；牙齿清洁，无龋齿，不疼痛，牙龈颜色正常，无出血现象；头发有光泽，无头屑；肌肉丰满，皮肤有弹性，走路轻松。

（三）亚健康状态

世界卫生组织的一项全球性调查表明，真正健康的人占5%，患有疾病的人占20%，而其余75%左右处于非健康、非疾病的中间状态。这种处在健康和患病之间的过渡状态，世界卫生组织称其为"第三状态",国内常常称之为"亚健康"状态。具体地说,亚健康是指机体在内外环境不良的刺激下引起了心理、生理发生异常变化,但尚未引起器质性损伤,医学检查所得各项生理、生化指标均无明显异常,无法做出明确诊断。亚健康状态在心理上表现为精神不振、情绪低沉、反应迟钝、失眠多梦、白天困倦、注意力不集中、记忆力减退、烦躁、焦虑、易惊等。在生理上表现为疲劳、乏力、活动时气短、出汗、腰酸腿疼、心悸、心律不齐等。"第三状态"处理得当,可向健康状态转化;反之,则患病。

(四)影响健康的因素

影响健康的因素有很多,但总结起来有以下几点:

第一,卫生服务因素对健康的影响。卫生服务是保证人类健康极为重要的因素,是人类征服疾病、控制疾病的重要措施。一个国家,一个民族,要求得生存发展,国民必须具有健康的身体,这是一个基本条件。要保证国民的身体健康,国家和社会就需要加强卫生服务,体现在医疗政策、制度和经费保障,人力、物力、财力的投入力度。近年来,我国人口的发病率、死亡率及人均预期寿命等多项健康指标,已经达到或接近世界发达国家水平。

1978年,世界卫生组织在《阿拉木图宣言》中提出的"初级卫生保健"是实现"2000年人人享有卫生保健"战略目标的关键。初级卫生保健是最基本的卫生保健制度,能针对本区域人群中存在的主要卫生问题,提供增进健康、预防疾病、治疗伤病以及促进身心健康等方面的卫生服务。例如进行开展针对性的健康教育,提供安全饮用水和基本卫生设施,改善食品供应及提倡合理营养,开展妇幼保健和实行计划生育、加强地方病的预防和控制、妥善处理常见病和外伤、主要传染病的免疫接种、提供基本药物等。这使所有个人和家庭能够享受到当地政府提供的基本的卫生保洁服务。

第二,行为和生活方式对健康的影响。行为和生活方式是指人们长期受所处的社会、经济、文化、民族、家庭等因素影响而形成的一系列比较固定的生活习惯、生活制度和生活意识。

第三,良好的个人行为和生活方式有利于提高身体健康水平,减少损害健康的危险因素。包括经常自觉参加体育锻炼、平衡的膳食、保持充足适宜的睡眠、能对精神紧张和压力予以放松和处理、安全的出行习惯、不吸烟、节制饮酒、无不正当的性行为等。不良的个人行为和生活方式会对人体健康产生不利影响。(1)吸烟。烟草可以说是一种慢性自杀剂,化学成分复杂、燃烧后可排出750种以上的刺激和毒害细胞的物质。(2)酗酒。长期酗酒将形成慢性酒精中毒,对人体的危害极大。长期大量酗酒者死亡率要比一般人高 1~3 倍。对于学生来说酒的最大危害是损害脑细胞，导致智力下降、记忆力减退，严重的甚至会引起酒精中毒性精神病。（3）不良的性行为。不良的性行为是传播性病的主要途径。目前国际上列为性病的病种已逾 20 种，我国重点防治的性病有 8 种，即淋病、梅毒、生殖疱疹、非淋菌性尿道炎、尖锐湿疣、软下疳、性病淋巴肉芽肿、艾滋病。当性病患者与健康人进行性接触时，健康人体很容易因病原体侵入而感染。因有些病原体甚至可通过非性接触途径传，如被病原体污染的毛巾、内衣、便器、浴盆、注射器针头等，或通过输血、注射血制品、接收器官或组织移植而感染。某些性病还可以在妊娠和分娩过程中，由母体传给胎儿或新生儿。

第四，环境因素对健康的影响。人类环境主要是指环绕于人们周围的各种自然及社会因素的总和，是人类赖以生存，从事生产和生活活动的外界条件。人类不仅生活在自然界，具有生物属性，而且生活在人与人之间关系总和的复杂社会中，也具有社会属性。所以，人类环境包括自然环境和社会环境两个部分。

（1）人类与自然环境。自然环境是指由地球表层的大气圈、岩石圈、水圈和生物圈所组成的相互渗透、相互制约和相互作用的庞大、独特、复杂的物质体系。

自然环境中某些化学元素含量的多少，会影响人体的生理功能，对健康不利甚至引发疾病。尽管人体具有一定的适应和调节能力，但这种调节能力是有一定限度的。如果环境中的某些化学元素含量超出人体生理的调节范围时，便会使人和环境之间的平衡遭到破坏，使人体健康受到不同程度的影响，甚至形成地方病和流行病。例如在环境中缺乏碘，可导致地方性甲状腺肿的发生和流行；环境中含氟量过多可引起氟骨症；饮用软水的地区易患心脏病。人类的多种疾病的产生都与生活的环境条件有密切关系。

（2）人类与社会环境。社会环境主要是指聚落环境，以人群聚集和活动作为环境的主要特征和标志。社会环境包括社会体制、社会经济状况和文化教育等几方面。①体制与健康。如果国家的政治局势稳定、政治制度完备，对于人类发展体制的完善以及国民健康水平的提高是大有裨益的，人民的健康水平离不开国家政府的保障和支持。②经济与健康。经济与健康的关系是辩证统一的关系。经济的发展是人民健康水平提高的根本保证，是确保人民体质健康的物质基础。如要保证国民的身体健康，国家和社会就需要对卫生事业进行投资，卫生事业投资的效益表现即为国民健康水平提高。健康水平的提高必然带来经济效益，对社会经济发展起到积极作用。③教育与健康。教育水平的高低将直接影响人类社会发展和民族整体素质的提高。体育教育属于教育的重要组成部分，对人类的健康发展具有积极的促进作用。学校体育教育作为终身体育的起始阶段，将为每个人一生的不断发展奠定基础。这一基础不仅仅局限于增强体质方面，而且在于健康、心理发展的各个方面。体育教育将为人们提供身心发展的基础，是现代人选择和设计未来健康生活的起点。

第五，遗传因素对健康的影响。遗传是指子代与父代之间在形态结构和生理功能上具有相似性的现象。遗传的物质基础是细胞体中的染色体。存在于细胞核的染色体中的脱氧核糖核酸（DNA）包含着生物体的传递信息，在遗传过程中通过DNA分子复制，将遗传信息由父代传给子代，从而使子代得到与父代相同的一定遗传特征。这个过程要在一定的环境条件下才能发生，在某些环境条件影响下也可能发生变异。人的体质受着遗传因素的影响，但是遗传只提供了发展的可能性，而体质强弱的现实性，则有赖于后天的环境条件。通过遗传获得良好的体质，无疑将有助于形成良好的健康状况。但如受到后天较差的环境影响，健康状况也会向不良方向发展。同时，较弱的体质状况在后天优越环境的作用下，其健康状况依然会向良好的方向发展。

二、健康管理

（一）"健康管理"理念的起源

"健康管理"是一个舶来的理念，西方许多国家早在二三十年前就开始推行"健康管理"理念，以此来干预和指导人们的生活，使整个社会人群的患病率明显下降。1976年，加拿大卫生部提出了以周期性健康检查为核心的"终身预防医学计划"，提倡依照不同年龄、性别定期进行健康检查。1984年，美国预防专家组成立，公布了定期体格检查和其他预防措施的临床预防服务方案，建议公民每年做一次体检。我国专家认为，看似健康的人也应每年或至少两年进行一次体检。应认识到定期体检是十分必要的，对40岁以上的人来说尤其如此。因为，随着年龄的增长，各种疾病出现的概率越来越高，定期体检能够及时发现一些无痛或症状不明显的疾病，如肿瘤、高血压、糖尿病、脂肪肝、高血脂等，及早发现并及时治疗对逆转病情、恢复健康、提高生活质量至关重要。可以说，从20世纪中后期开始，"健康体检"已经成为一种"新时尚"。但这种服务的最大问题在于缺乏延续性。没病求安心，有病赶紧治，这种被动、防守型服务模式距离预防和避免疾病的发生还有相当大的距离。

随着科学的发展，人们已经可以通过合理干预来预防或延缓各种疾病的发生。这种具有前瞻性的健康服务模式——"健康管理"一经提出，立刻引起了世人的关注，并很快风靡西方世界。资料显示，在过去20余年，西方国家通过有效的健康管理，使90%的个人或单位的医疗开支减少到原来的10%。

（二）健康管理的含义

健康管理是指对个体或群体的健康进行全面监测、分析和评估、提供健康咨询和指导以及对影响健康的危险因素进行干预的全过程。健康管理的宗旨是调动个体、群体及整个社会的积极性，有效地利用有限的资源来达到最大化的健康效果。健康管理的具体做法就是为个体和群体（包括政府）提供有针对性的科学的健康信息并创造条件采取行动来改善健康状况。健康管理是基于个人健康档案的个性化健康事务管理服务，是建立在现代生物医学、营养学和信息化管理技术的模式上，从社会、心理、生物的角度为每个社会成员提供全面的健康保障服务，协助人们成功有效地把握与维护自身健康。

健康管理的基本步骤和常用服务流程。健康管理有以下三个基本步骤：第一步是了解你的健康状况；第二步是进行健康水平及疾病风险评估；第三步是进行健康干预。健康管理的常用服务流程由五个部分组成：健康管理体检、健康评估、个人健康管理咨询、个人健康管理后续服务、专项的健康及疾病管理服务。

各级政府和所有的企事业单位都要确立"健康管理"的新理念，从自身职能和职责出发，加强对人民群众的健康管理。定期对职工进行健康教育，引导职工树立自我保健意识，提高自我保健能力，定期安排职工体检，使职工了解自己的身体状况，无病防病，有病早治；科学安排作息时间，坚持工间操，避免加班和熬夜；注重环境卫生，清除污染，从工作环境、工作条件上保障职工健康。健康管理加强了，单位和企业的劳动生产效率自然而然地也会提高，还可以大大减少单位和个人医疗费用支出。

对于每个人来说，"健康管理"就是要做到"健康上的自我管理"。管理是一种规范和制约，一要自觉，二要能禁得住约束，要能让自己的思想和行为遵照正确的生活准则和行为规范进行。凡符合"强身健体之道"的就积极奉行，违背的就禁止。具体来说，做好个人"健康管理"先要了解自己身体的基本情况，包括遗传因素、先天缺陷、营养失衡等方面的问题，然后进行针对性的防范和弥补。特别是要有计划、有步骤地纠正吸烟、酗酒、赌博、放纵、熬夜、饥饱无常等不良生活习惯。还要加强思想修养和体育锻炼，保持积极进取、豁达开朗、热心助人的心态。这样，才能促进身体健康，健康管理的成效也才能越来越显著。

（三）健康管理的重要意义

简单地说，健康管理就是要将科学的健康生活方式传递给健康的需求者，变被动的护理健康为主动的管理健康，从而更加有效地保护和促进健康水平的提升。因此，人人需要健康管理。据世界卫生组织研究报告，人类三分之一的疾病是能够通过预防保健避免的，三分之一的疾病如早期被发现是可以得到有效控制的，三分之一的疾病能够通过信息的有效沟通提高治疗效果。因此，对健康的管理与维护应该是在疾病没有到来之前就做好预防工作。

健康管理最重要的意义在于实现了一种管理功能，使健康问题处理变得井然有序。通过健康管理，个人可以对自身健康状况有一个深刻的认识，了解自己身体的薄弱环节和优势，做到扬长避短；针对本人特点，健康管理对饮食起居、生活保健、日常防护等也可以做出专业的指导。

在疾病的预防和治疗方面，健康管理也能发挥重大作用。通过定期检查、评估和健康专业咨询，做到提前预防，及时指导就医治疗，避免拖延病情，或者得到治疗后的身体恢复与保养。这种管理具有双重意义，对于个人来说，改善了身体状况，节约了治疗经费；对于社会来说，节省了大量的医疗资源。

健康管理作为一门学科和新兴职业悄然兴起并发展壮大。经济学家指出，健康对经济的增长有反作用。健康问题的解决，可以促进经济增长；健康问题解决不好，经济也会出现负增长。

世界银行曾预测：我国肝炎的直接经济损失每年约3600亿元；艾滋病毒感染者按现行速度增长，到2010年会使2400万至3000万的人口致贫；吸烟致癌造成的经济损失约5600亿人民币，相当于烟草税收的3.5倍；癌症的死亡人数每年近150万人，心血管病死亡人数每年约300万人，这两项死亡每年造成的经济损失就超过了几千亿元人民币；糖尿病患者4000多万人；高血压患者1.5亿人；精神和心理疾病日益增多，实际患者已达1600万。以上患者的增加使我国医疗费用大幅度上升，会制约经济发展，也会使已摆脱了贫困的人口重新回到贫困状态。因此，中国能否实现可持续发展的关键是中国能否解决国民的健康问题，认真管理我国的健康资源，引进"健康管理"的新理念是中国可持续发展的当务之急。

第二节　体质健康与体育锻炼

一、体育健身的基本原则

体育健身要遵循一定的原则，主要有以下几条：

（一）自觉性原则

体育锻炼不同于人们劳动和日常生活的一般躯体活动，更区别于动物所具有的走、跑、跳、攀登等自然本能动作。人们从事体育锻炼总是有一定的目的和意识的身体活动过程，因此要自觉积极地发挥主观能动性。自觉性是要求锻炼时有明确的健身目标，树立锻炼有益于学习、工作和生活的信念，把个人的切身需要与身体锻炼的功效、民族体质、人口质量以及国家的兴旺发达结合起来，更好地激发自己锻炼的热情。认真选择适宜的锻炼内容和方法，安排适宜的运动负荷，通过身体锻炼获得精神上的满足感，感到有乐趣，心情舒畅。通过从事有趣的体育运动，表现出极大的主动性和自觉性，使身心统一。体育锻炼的效果、信心、兴趣三者是相辅相成的，只有三者密切结合，才能做到自觉积极地从事体育锻炼。可通过定期检测锻炼效果的信息反馈，使自己经常看到锻炼的结果和进步，增强自信心，不断维持和提高自觉锻炼的积极性。

（二）从实际出发原则

从实际出发原则涉及体育锻炼的目的、内容、方法以及适宜的运动负荷。由于每个参加锻炼者的性别、年龄、职业、体育基础、身体状况、生活条件、锻炼目的等主观客观条件各不相同，在选择锻炼内容、方法和运动负荷时，要因人而异，量力而行，特别要注意选择适量的运动负荷。负荷适量指体育锻炼要有恰当的生理负荷量。锻炼效果的大小，与锻炼时生理负荷的适宜与否有着极为密切的关系。负荷量太小，机体得不到适宜的刺激，功能的变化不明显，锻炼效果也就不大；机体负荷量太大，不仅不能增强体质，还会损害健康。决定运动负荷大小的主要因素是运动量和运动强度。运动量是指完成动作的次数、组数、时间、距离等；运动强度是指完成练习所用力量的大小和机体的紧张程度，包括动作的速度、练习的密度、练习间歇时间的长短、负重的大小、投掷的距离、跳跃的高度和长度等。运动量和运动强度要处理适当。运动强度越大，则运动量就要相应减少；运动强度适中，则运动量可以相应加大。要做到适量，以练习者承受得了并有一定的疲劳感为度。掌握适宜的运动量，一般可采用心率百分法，即采用使心率升高到本人最高心率70%~85%的强度作为标准进行锻炼的方法。个人的最高心率直接测量比较困难，一般男女均可用220减年龄来估算每分钟的最高心率。例如某人20岁，锻炼过程的运动强度应控制心率为：(220-20)×(70%-85%)=140~170(次/分)。这被称为有氧锻炼的适宜负荷量。或者用接近极限运动量的心率（一般假定每分钟200次）减去安静时的心率（这里假定每分钟60次）的70%，再加上安静心率基数60次，即运动时的心率为：(200-60)×70%+60=98+60=158(次/分)。这是对身体影响最佳的运动强度。当然这两种计算方法也是相对的，适宜的运动负荷还要根据锻炼时和锻炼后的感觉来调整。

要因地和因时制宜，根据外界环境的实际情况，如地理环境、气候条件、场地器材、环境卫生等，选择适合自身的锻炼内容和方法。体育锻炼的一个重要目的是使人适应外界环境的变化。

（三）持之以恒原则

持之以恒原则是指体育锻炼必须持之以恒，使之成为作息制度和日常生活中不可缺少的重要内容。从生物学的角度来看，体质的增强是一个不断积累、逐步提高的过程，不可能一劳永逸。人体机能水平的提高，各种运动素质的发展，运动技能的形成与巩固，有赖于较长时期经常的锻炼。这样，才能使有机体在解剖形态、生理机能、生化过程等方面产生一系列适应性变化，这不是一朝一夕或短期锻炼所能达到的，而是坚持长期锻炼的成效积累的结果。人体结构和机能的变化，都是通过肌肉活动的反复强化来实现的，体育锻炼是对机体给予刺激的过程，每次刺激都会产生作用痕迹。连续不断的刺激作用，会在机体内产生痕迹的积累，这种积累使机体的结构和机能产生新的适应性，从而使体质不断增强。如果"三天打鱼，两天晒网"，间断地进行，前一次的作用痕迹已经消失，下一次作用的积累就小，机体的适应性变化就小，锻炼效果就不明显。如果长时间停止锻炼，各器官系统的机能还会慢慢减退，使得体质逐渐下降。

（四）循序渐进原则

循序渐进原则是指体育锻炼必须根据人体的身心发展规律和个人的实际情况合理规划，在锻炼的内容、方法、运动负荷等方面逐步变化，使机体功能不断得到改善和提高。循序渐进是人体适应环境的基本规律。人体对内、外环境变化的适应，是一个缓慢的由量变到质变的过程。只有遵循这个规律，才能取得良好的锻炼效果。否则，非但不能增强体质，还会引起机体损伤和运动性疾患，损害身体健康。因此，进行体育锻炼不能急于求成。在锻炼内容上，根据自己的身体状况，合理选择，体质不同，锻炼起点也不同。体质较好的人，可选择比较剧烈的活动方式，如各种竞技运动项目；体质较弱的人，开始锻炼时，可选择那些比较缓和的运动，如慢跑、徒手操、武术、乒乓球等。患慢性疾病的人，可选择保健体育的一些内容，如健步走、太极拳、健身气功等。当体质逐渐变好时，锻炼内容也可逐步由缓和变为相对激烈的运动。运动量应逐步加大，不可贪多急进。机体对运动量的承受能力有个缓慢的适应过程，锻炼时运动量要由小到大，待机体适应后再应逐步加大，不可贪多急进。如果运动量长期停留在一个水平上，机体的反应就会越来越小。机体机能的提高，是按照刺激—适应—再刺激—再适应的规律有节奏地上升的，运动量也应随着这种节奏来安排。病后或中断锻炼后再进行锻炼，尤其要注意循序渐进，以免发生意外。每次锻炼都要循序渐进。每次锻炼要做准备活动，锻炼后要做好整理活动，如长跑前先做5~10分钟慢跑，跑完后也要进行适当的牵拉和放松活动。

（五）全面锻炼原则

全面锻炼原则是指体育锻炼应全面发展身体的各部位、各器官的机能，提高各项身体素质和基本活动能力，从而达到身心全面和谐发展。人体是大脑皮层调节下的有机统一的整体，人体各部位、各器官系统的机能，各项身体素质和基本活动能力之间是相互联系、相互制约的。身体素质是人体在运动过程中力量、速度、耐力、柔韧和灵敏等方面能力的综合体现，它们是通过肌肉活动表现出来的，反映着内脏器官的机能，肌肉的供能情况，以及运动器官与内脏器官活动配合的协调状况。对于处于生长发育关键时期的青少年来说，全面发展尤为重要。由于各个运动项目对身体发展都有独特的锻炼作用，但也有一定的侧重性。如长跑锻炼有益于发展心血管系统和呼吸系统的功能，加强中枢神经系统的调节。锻炼的内容，可结合自己的兴趣爱好，选择1~2项作为每天必练的主要项目，同时加强其他项目的锻炼，以弥补主项之不足。全面锻炼的过程中还应注意群体意识、个性特征等心理素质的发展。

二、运动安全

运动安全对于体育锻炼者来说非常重要，下面介绍几种体育活动中常见的运动安全问题，并简要介绍运动损伤的急救处理。

（一）肌肉酸痛

不少人有过这样的体会，在一次活动量较大的锻炼以后，或是隔了较长时间未锻炼，刚开始锻炼之后，常常会出现运动后肌肉酸痛，这种酸痛不是发生在运动中或运动后即刻，而是发生在运动结束1~2天之后，因此也称为肌肉延迟性疼痛。

原因：肌肉酸痛是由于当肌肉一次活动量大时或隔了较长时间未锻炼而刚恢复锻炼时，肌肉对负重负荷及收缩放松活动未完全适应，引起的局部肌纤维及结缔组织的细微损伤，以及部分肌纤维产生痉挛所致。生理和生化的研究结果证实了酸痛时这种局部细微损伤及肌纤维痉挛的存在。由于这种肌纤维细微损伤及痉挛是局部的，因而对整块肌肉而言，仍能完成运动功能，但存在肌肉酸痛感。酸痛后，经过肌肉局部细微结构的修复，肌肉组织会变得较前强壮，以后再经历同样负荷就不易再发生损伤（酸痛）。

处理：当已经出现肌肉酸痛后，采取以下对策能使酸痛得以缓解或消除。①热敷。可对酸痛的局部肌肉进行热敷，促进血液循环及代谢过程，有助于损伤组织的修复及痉挛的缓解。②伸展练习。可对酸痛局部进行静力牵张练习，保持伸展状态2分钟，然后休息1分钟。重复进行，每天做几次这种伸展练习，有助于缓解痉挛。但做时注意不可用力过猛，以免牵拉时再使肌纤维损伤。③按摩。按摩有使肌肉放松、促进肌肉血液循环的作用，有助于修复损伤及缓解痉挛。④口服维生素C。维生素C有促进结缔组织中胶原合成的作用，有助于加速受损伤结缔组织的修复，从而减轻和缓解酸痛。⑤针灸、电疗等手段对缓解酸痛也有一定作用。

预防：①根据不同体质、不同健康状况科学地安排锻炼负荷，负荷不要过大，也不宜增加过猛；②锻炼时，尽量避免长时间集中练习身体的某一部位，以免局部肌肉负担过重；③准备活动中，注意使即将练习时负荷重的局部肌肉活动得更充分些，有预防损伤的作用；④整理活动除进行一般性放松练习外，还应重视进行肌肉的伸展牵拉练习，伸展性练习有助于预防局部肌纤维痉挛，避免酸痛的发生。

（二）运动中腹痛

原因：由于人体进入运动状态后，下腔静脉压力上升，血液回流受阻，致使腹部脏器功能失调，引起腹痛；有的人因运动时呼吸紊乱、膈肌运动异常，引起肝脾膜张力性疼痛；也有的人因运动前吃得过饱，饮水过多以及腹部受凉，引起胃肠痉挛，导致疼痛。运动性腹痛多数在中长跑运动时发生。

征象：运动性腹痛部位不固定，一般因肠痉挛、肠结核引起腹腔中部处疼痛；食后运动疼痛常发生上腹部或中部；肝脾膜张力性疼痛，常在左右两侧上腹部。

处理：对因静脉血回流障碍和准备活动不足或呼吸紊乱引起的腹痛，可采取降低运动强度，放慢跑速，同时按摩疼痛部位，并做深呼吸等方法，缓解或消除疼痛。对于胃肠饱胀、肠痉挛和慢性疾患引起的腹痛，也可采取上述措施，若无效，则应停止运动。

预防：合理安排运动时间，饭后至少1小时才进行活动，运动前要做好准备活动，运动时要循序渐进。各种慢性疾病患者病患愈之前须在医生和体育教师指导下进行锻炼。

（三）肌肉痉挛

肌肉痉挛俗称抽筋，是指肌肉不自主地突然性强直收缩，并变得异常坚硬。

原因：在剧烈运动中，由于肌肉快速连续性收缩，导致肌肉收缩与放松的协调交替关系破坏，特别在局部肌肉处疲劳时，更易发生肌肉痉挛。肌肉受到寒冷的刺激，或因情绪过于紧张，也可引起肌肉痉挛。

征象：肌肉痉挛时，局部肌肉产生剧烈性收缩并变得坚硬和隆起，疼痛难忍，且一时不易缓解。

处理：立即对痉挛部位的肌肉进行牵引，如腓肠肌痉挛时，伸直膝关节，并做足部背伸动作。屈拇、屈趾肌痉挛时，则用力将足趾背伸。最好有同伴协助，但切忌施力过猛。此外，可配合局部按摩、点穴（承山、涌泉、委中穴等）等方法，加速痉挛缓解和消失。

预防：运动前做好准备活动，对容易发生痉挛的肌肉，事先进行按摩；冬季锻炼时，要注意保暖；夏季进行剧烈运动时，应注意补充盐分；游泳下水前，应先用冷水淋浴，游泳时间不宜过长；疲劳和饥饿时，不要进行剧烈运动。

（四）运动性昏厥

运动中，由于脑部供血不足，氧债不断积累并达到一定程度时，即可发生一时性知觉丧失，这一现象称为运动性昏厥。

原因：由于剧烈运动或长时间运动，大量血液积聚在下肢，回心血流量减少，导致脑部供血不足而出现昏厥状态。跑后如立即停止不动亦可出现"重力休克"现象。

征象：全身无力眼前一时发黑，面色苍白，手足发凉，失去知觉而昏倒；生理检测脉搏慢而弱、呼吸缓慢、血压降低等。

处理：立即将患者平卧，足略高于头部，并进行向心方向按摩，指压人中、合谷等穴位。如有呕吐，应将患者头偏向一侧，以利呼吸道畅通。如停止呼吸，应立即进行人工呼吸。轻度征象者，由同伴搀扶慢走，并进行深呼吸，即可消失症状。重症患者，经临场处理后，送医院治疗。

预防：不要在饥饿情况下参加剧烈运动；疾跑后不要立即停下来；久蹲后也不要突然起立；平时要加强体育锻炼，增强体质。

（五）中暑

原因：在高温环境中，特别在温度高、通风不良、头部又缺乏保护，被烈日直接照射的情况下进行体育锻炼，导致体温调节功能障碍而发生中暑。

征象：轻度中暑，会出现面部潮红、头晕、头痛、胸闷、皮肤灼热、体温升高等症状。严重时，将出现恶心、呕吐、脉搏快而细弱、精神失常、虚脱抽搐、血压下降，甚至昏迷等情况。

处理：迅速将患者移至通风、阴凉处，解开衣领，冷敷额部，用温水擦身，并给予含盐清凉饮料或十滴水，数小时后即可恢复正常。严重者，经临时处理后，应迅速转送医院治疗。

预防：在高温炎热季节进行锻炼时，应适当减少运动量，缩短运动时间，避免在烈日下长时间锻炼；夏天在室外锻炼时，宜穿浅色衣服，戴遮阳帽；在室内锻炼时，应注意保持通风，可服饮低糖含盐饮料。

（六）运动性贫血

我国成年健康男性每100毫升血液中含血红蛋白量为12.5~16克，女性为11.5~15克。若低于这一生理数值，则视为贫血。因运动引起的血红蛋白量减少，称为运动性贫血。

病因：①由于运动时机体对蛋白质与铁的需求增加，一旦需求量得不到满足，即可引发运动性贫血。②运动时，脾脏释放的溶血卵磷脂能使红细胞的脆度增加，加上剧烈运动时血流加快，易引起红细胞破裂，导致运动性贫血。③少数学生由于偏食或爱吃零食，影响正常的营养摄入，或长期慢性腹泻，影响营养吸收，运动时常出现贫血现象。

征象：运动性贫血发病缓慢，平时表现为头晕、恶心、气喘、体力下降，运动后出现心悸、心率加快、脸色苍白等症状。

处理：运动中（后）出现头晕、无力、恶心等现象时，应适当减少运动量，必要时暂停运动。补充富含蛋白质和铁的食物，口服硫酸亚铁片剂和维生素C，对缺铁性贫血的治疗有明显的效果。

预防：锻炼时要遵循循序渐进原则，日常生活应克服偏食习惯。

（七）游泳性中耳炎

原因：游泳时，当水进入外耳道后，使鼓膜泡软，可引起鼓膜破损，细菌进入中耳而形成。此外，游泳时呛水，细菌也可能从咽鼓管进入中耳而引起。

征象：表现为耳内剧烈疼痛，有时还会引起发热和头痛，也可见黄色液体从外耳道流出。

处理：停止游泳运动，用生理盐水和络活碘清洗消毒后，送医院治疗。

预防：游泳时可用耳塞堵住外耳道口，以防止水进入耳道内。若耳内灌水，可采用头偏向耳朵有水一侧，用同侧腿进行原地跳的方法使水震动排出，然后用棉花擦干外耳道，切忌挖耳。患感冒、上呼吸道感染时不宜游泳。

（八）常见运动创伤的急救及处理

在体育运动中难免会出现运动创伤，一旦发生，就应迅速正确地进行急救处理。急救原则是生命第一，如因骨折疼痛而引起休克，应先处理危及生命的休克而后做骨折的固定。

出血：血液从破裂的血管流出，称之为出血。据研究，健康成人每千克体重平均有血液75mL，全身总血量4~5L。若一次出血少于全身总血量的10%对身体是没有伤害的。急性大出血达总量20%时则会出现乏力、头晕、面色苍白等一系列急性贫血症状。当出血量超过全身血量的30%时，将危及生命。因此对有出血的伤员，尤其是大动脉出血的，都必须在急救早期立即止血。止血的方法很多，在没有药物和医疗器械的条件下，现场急救的常用方法有：

（1）冷敷法。冷敷可降低组织温度，使血管收缩，减少局部充血，还可抑制神经兴奋，达到止血、止痛，减轻局部肿胀的作用。此法适用于急性闭合性软组织损伤，伤后立即施用，一般常用冷水或冰袋敷于损伤部位。冷敷与加压包扎和抬高伤肢同时应用，效果更佳。

（2）抬高伤肢法。用于四肢出血，抬高伤肢，使伤处血压降低，血流量减少，达到减少出血的目的。一般常和绷带加压包扎并用，对小血管出血有效，对较大血管出血，则只能作为一种辅助性止血方法。

（3）压迫止血法。此方法可分为直接压迫伤口止血和压迫止血点止血两种。直接压迫伤口止血，一是用绷带加压包扎伤口止血。可先在伤口上覆以无菌辅料，再用绷带稍加压力包扎起来，此法适用于小动脉、静脉和毛细血管出血。二是指压止血。用指腹或掌根直接压迫伤口，此法简便易行，但违背无菌操作原则，容易引起伤口感染。因此，不是十分紧急的情况下，不应轻易使用。三是压迫止血点止血。用手指指腹压在出血动脉近心端相应的骨面上，暂时止住该动脉管的血流。这种止血方法操作简便，止血迅速，是一种临时性止血的好方法。

骨折及骨折临时固定：骨的完整性遭到破坏的损伤，叫作骨折。骨折可分为闭合性骨折与开放性骨折两种。前者皮肤完整，治疗较易；后者皮肤破裂，骨折端与外界相通，容易发生感染，较难治疗。运动中发生的骨折多为闭合性骨折，是严重的损伤之一。骨折的诊断须借助 X 线检查。

如创伤时怀疑有骨折，应用夹板、绷带把怀疑骨折的部位固定、包扎起来，使伤部不再活动，称为临时固定。这是骨折的急救方法。目的是减轻疼痛、避免再操作和便于转送。

如有休克，应先抗休克，再处理骨折；如有伤口出血，应先止血，包扎伤口，再固定骨折。

临时固定的注意事项：第一，固定前不要无故移动伤肢。为了暴露伤口，可剪开衣服，而不是脱掉衣服，以免因不必要的移动而增加伤员的痉挛和伤情。对于大腿、小腿和脊柱骨折，则应就地固定。第二，固定时不要试图整复，如果畸形很厉害，可顺伤肢长轴方向稍加牵引。第三，夹板的长度和宽度，要与骨折的肢体相称，长度必须超过骨折部的上、下两个关节。如果没有夹板，可就地取材（如树枝、木棍、球棒等）或把伤肢固定在伤员的躯干或健肢上。夹板与皮肤之间应垫上软物，如棉垫、纱布等。第四，固定的松紧要合适、牢靠。过松则失去固定的作用，过紧则会压迫神经和血管。四肢骨折固定时，应露出指（趾）尖，以便观察血液的循环情况。如发现指（趾）尖苍白、发凉、麻木、疼痛、浮肿和呈青紫色征象时，应松开夹板，重新固定。

心跳和呼吸骤停的急救：当人体受到意外严重损伤（如溺水、触电休克等），有时出现呼吸和心跳骤然停止的情况，这时如不及时进行抢救，伤员很快就会死亡。人工呼吸与胸外心脏按压是进行现场抢救的重要手段，可以帮助伤员重新恢复呼吸和血液循环。人工呼吸的方法甚多，其中以口对口吹气法效果较好，还可同时进行胸外心脏按压。施行时使伤员仰卧，头部尽量后仰，把口打开并盖上一块纱布，急救者一手托起他的下颌，掌根轻压环状软骨，使软骨压迫食管，防止空气入胃；另一手捏住他的鼻孔，以免漏气。然后深吸一口气，对准口部吹入。吹完后松开捏鼻孔的手，让气体从伤员的肺部排出。如此反复进行，每分钟吹16~18次（儿童20~24次）。

注意事项：施行人工呼吸前，应将伤员领口、裤带和胸腹部衣服松开，适当地清除口腔内的呕吐物或杂物。吹气的压力和气量开始宜稍大些，10~20次后，可逐渐减小，维持在上胸部轻度升起即可。进行中应不怕脏，不怕累，一经开始就要连续进行，不能间断，一直做至伤员恢复呼吸或确定死亡为止。若心跳也停止，则人工呼吸应与胸外心脏按压同时进行，两人操作时，吹气与挤压频率之比为1：4。

对心跳骤然停止的伤员必须尽快地开始抢救，一般只要伤员突然昏迷，颈动脉或股动脉摸不到搏动，即可诊断为心搏骤停。这时往往伴有瞳孔散大，呼吸停止，心前区听不到心音，面如死灰等典型症状。此时应马上开始进行胸外心脏按压，以恢复伤员的血液循环。操作时，伤员仰卧，急救者以一手掌根部按住伤员胸骨下半段，另一手压在该手的手背上，肘关节伸直，借助体重和肩臂部肌肉的力量适度用力，有节奏地带有冲击性地向下压迫胸骨下段，使胸骨下段及其相连的肋软骨下陷3~4厘米，间接压迫心脏。每次压后随即很快将手放松，让胸骨恢复原位。成人每分钟挤压60~80次（儿童80~100次）。挤压胸骨可间接压迫心脏，使心脏内血液排空。放松时，胸廓由于弹性而恢复原状，此时胸膜腔内压下降，静脉血回流至心脏。反复挤压与放松胸骨，即可恢复心脏跳动。操作中，如能摸到颈动脉或股动脉搏动，上肢收缩压达60毫米汞柱以上，口唇、甲床颜色较前红润，或者呼吸逐渐恢复，瞳孔缩小，则为挤压有效的表现，应坚持操作至自主心跳出现为止。

注意事项：手掌根部压迫部位必须在胸骨下段（不要压迫剑突），压迫方向应垂直对准脊柱，不能偏斜，用力不可过猛，以免发生肋骨骨折。在抢救的同时，应迅速派人请医生来处理。

第三节　心理健康与体育锻炼

现代健康的目标是追求一种更积极的身心状态、一种更高层次的身心协调与发展。

大学生作为一个特殊的群体，心理健康状况令人担忧，随着社会的急剧变革以及日益严峻的就业压力，对大学生心理素质的要求越来越高。良好健康的个性心理有利于正确认识和适应复杂社会的生活现实，有利于营造健康和谐的生活，有助于发挥心理潜能，提升创造力。因此，对大学生心理健康的教育已渗透到各门学科。现代医学和体育科学的研究表明，体育锻炼是增进健康之法宝。究竟什么是心理健康？体育锻炼对心理健康的益处表现在哪些方面？本节将对这些问题进行讨论和叙述。

一、大学生心理健康概述

（一）大学生心理健康的概念

对于心理健康概念的认识许多学者有不同的观点，较有代表性的如《简明不列颠百科全书》对心理健康的定义：心理健康是指个体心理在本身及环境条件许可的范围内所能达到的最佳功能状态，而不是指绝对的十全十美的状态。日本的松田岩男指出：心理健康是指人对内部环境具有安全感，对外部环境能以社会上认可的形式来适应，即个体遇到任何障碍和困难，心理都不会失调的状态。第三届国际心理卫生大会认为，心理健康是指在躯体上、智能上、情感上与他人的心理健康不相矛盾的范围内，将个人心境发展至最佳状态。

综合各种认识，并结合大学生这一特殊群体实际，笔者认为，大学生心理健康是指大学生在大学期间应对学习、就业以及处理各种现实问题时所表现出的良好社会适应性，能充分发挥其身心的各种潜能，在具体的行为过程中所具有的一种持续积极的内部状态。

（二）大学生心理健康的标准

大学生的普遍年龄一般在 18~25 岁之间，从心理学的观点来看，正处于青年中期。大学生的心理具有青年中期的许多特点，但作为一个特殊群体，大学生又不能完全等同于社会上的青年。心理是否健康一般采用量表测量，其标准并不是固定不变的。心理健康标准随着时代以及文化背景的变化而变化。根据我国大学生的实际情况，评判大学生的心理健康水平应从以下几个标准给予着重考虑：

1. 智力正常

智力，是人的观察力、注意力、记忆力、想象力、思维力、创造力及实践活动能力等的综合，包括在经验中学习或理解的能力，获得和保持知识的能力、迅速而成功地对新情境做出反应的能力、运用推理有效地解决问题的能力等。这是大学生学习、生活与工作的基本心理条件，也是适应周围环境变化所必需的心理保证。因此，衡量大学生的智力是否正常，关键在于其是否正常地、充分地发挥了自我效能：有强烈的求知欲，乐于学习，能够积极参与学习活动。

2. 情绪健康

情绪健康的标志是情绪稳定和心情愉快，包括的内容有：愉快情绪多于负性情绪、乐观开朗、富有朝气，对生活充满希望；情绪较稳定，善于控制与调节自己的情绪，既能克制又能合理宣泄自己的情绪，情绪的表达既符合社会的要求又符合自身的需要，在不同的时间和场合有恰如其分的情绪表达；情绪反应与环境相适应，反应的强度与当时情境相符合。

3. 意志健全

意志是人在完成一种有目的的活动时进行选择、决定与执行的心理过程。意志健全者在行动的自觉性、果断性、顽强性和自制力等方面都能表现出较高的水平。意志健全的大学生在各种活动中都有自觉的目的性，能适时地做出决定并运用切实有准备的方式解决所遇到的问题。在困难和挫折面前，能采取合理的反应方式，能在行动中控制情绪并言而有信，而不是行动盲目，畏惧困难，顽固执拗。

4. 人格完善

人格是个体比较稳定的心理特征的总和。人格完善就是指有健全统一的人格，个人的所想、所说、所做都是协调一致的。人格完善包括人格结构的各要素的完整统一；具有正确的自我意识，不产生自我同一性混乱，以积极进取的人生观作为人格的核心，并以此为中心把自己的需要、目标和行动统一起来。

5. 自我评价正确

正确的自我评价是大学生保持心理健康的重要条件，大学生在进行自我观察、自我认定、自我判断和自我评价时，能做到自知，恰如其分地认识自己，摆正自己的位置，既不以自己在某些方面高于别人而自傲，也不以某些方面低于别人而自卑。面对挫折与困境，能够自我悦纳，喜欢自己，接受自己、自尊、自强、自制、自爱适度，正视现实，积极进取。

6. 人际关系和谐

良好而深厚的人际关系，是事业成功与生活幸福的前提。通常表现为：乐于与人交往，既有广泛而深厚的人际关系，又有知心朋友；在交往中保持独立而完整的人格，有自知之明，不卑不亢；能客观评价别人和自己，善取人之长补己之短，宽以待人，乐于助人，积极的交往态度多于消极态度，交往动机端正。

7. 社会适应正常

个体应与客观现实环境保持良好秩序，既要进行客观观察以取得正确认识，以有效的办法应付环境中的各种困难,不退缩;又要根据环境的特点和自我意识的情况努力进行协调,或改变环境适应个体需要,改造自我适应环境。

8. 心理行为符合大学生的年龄特征

大学生是处于特定年龄阶段的特殊群体,大学生应具有与年龄与角色相适应的心理行为特征。大学生心理健康的标准是一种理想尺度,既为人们提供了衡量心理是否健康的标准,也为人们指出了提高心理健康水平的努力方向。如果每个人能够在自己现有基础上做不同程度的努力,就可追求自身心理发展的更高层次,不断发掘自身潜能。大学生心理健康的基本标准是他们能够进行有效的学习和生活。如果正常的学习和生活都难以维持,就应该及时调整。

(三)大学生心理健康的现状及主要特征

近年来,各种大学生心理状况的调查对大学生存在不同程度心理问题的比例有不同的报告,大学生存在心理问题的比例较低的调查数字在12%,高的达60%,一般在20%~35%之间。最具权威性的报告当数1994年和1999年的两个报告:1994年原国家教委对全国12.6万名大学生抽样调查,结果表明大学生心理疾患率高达20.23%;在1999年10月召开的全国第六届大学生心理咨询交流会上,一些专家提供了大学生心理问题的分层次调查数据,即真正的精神疾病患者和严重的心理障碍者占大学生总人数的0.7%,一般心理障碍即有轻度心理失调的占6%~7%,一般心理问题,主要是适应问题的占10%左右,三者加起来共计17%左右。有资料表明,目前我国正常人群心理障碍的比例在20%左右。可见,随着高等教育从精英教育向大众化教育的发展,当代大学生的心理状况与同龄群体比较差异性并不显著。

从我国大学生心理健康状况的调查资料不难看出,我国大学生心理健康的状况有下述一些特征:

1. 大学生心理健康水平符合正态分布的规律,多数人是健康的

湖北大学等校以心理健康的六个特征(生活态度、学习动机、自我观念、情绪状态、自控能力和人际关系)为尺度编制问卷所进行的测试发现,接受测查的14个系672名大学生的心理健康水平,是按"中间大,两头小"的正态规律分布的,即大多数学生的心理状况是健康的,心理不健康(包括有心理问题和轻度神经症者)的学生只是少数。

上述调查还发现,大学生心理健康水平随年级的上升而提高,特别是生活态度与学习动机两项,年级越高,得分越多。只有人际关系一项在各个年级之间波动较大。这说明我国大多数学生心理的发展是健康的。

2. 大学生心理健康的主要问题是成长和发展中的矛盾

大学时期是个人成长过程中又一次面临新的心理矛盾发生、转化而趋向成熟的时期。这个时期产生的心理矛盾，有环境适应问题，有学习问题，有人际关系问题，有自我观念问题，有恋爱和性的问题，还有进一步升学和就业的问题，这些问题是每一届大学生都需要面对的。

大学生从入学开始，就面临对陌生环境的适应。他们离开了家庭，离开了中学时熟悉的老师和同学，来到了大学这个陌生的环境。新的学校生活、新的学习秩序、新的老师和同学关系都使一年级新生感到生疏而一时难以适应，尤其是新的人际关系更令他们难以适应。入学后的另一个难题是原有的自我观念面临新的挑战。在中学时，他们都是各自学校的拔尖学生，受到家庭的宠爱、学校的重视和同学们的尊重。渡过了高考难关，他们的自尊心和自信心得到加强，自恃是"天之骄子"而不胜自豪。然而，进入大学以后，身处强手如林的班集体中，许多学生原来的优势不再存在。原来是班级的尖子，现在不是了；原来是中学的学生干部，现在也不是了，落差很大，产生了失落感。有的学生感到自卑，开始同别人和集体疏远；有的学生为了博得新的成功和荣誉而重新努力自我完善，加入了新的竞争行列。大学生又开始了自我观念重新调整的过程，这正是需要心理辅导的时候。

上大学以后，大学生在学习问题上极易产生新的心理矛盾：有的学生对自己的学校或专业不满意；有的学生则不适应大学教与学的方法；有的对自己的专业成绩感到不满意等。到了三、四年级，恋爱问题、择业问题等又成为引起困惑和焦虑的问题。这些问题都影响着大学生的思想和情绪，但又都是大学生成长中正常的心理问题，不属于不正常的心理障碍或心理疾病。

3. 大学生是心理障碍的高发群体

心理障碍是所有心理与行为失常的总称。通常所说的精神疾病、心理异常和变态行为心理障碍可分为身体疾病、神经症、精神病和变态人格等几种类型，这几种类型又可以细分为各种不同的心理疾病。

近几年来，国内许多大学应用《SCL-90 症状自评量表》对大学生的心理障碍进行测查，量表所测的 10 项因子中，除躯体化一项外，其他各项因子皆显著高于国内成年人的常模。测查结果表明，大学生是心理障碍的高发群体。有的调查甚至认为有心理障碍的大学生竟占学生总数的 30%~40%。这些调查认为，大学生心理健康的总体水平低于同年龄青年人和正常成年人。

二、大学生心理健康的内容及自我评定

（一）大学生心理健康的内容

关于大学生心理健康的研究内容范围十分广泛，涉及大学生发展的各个方面。概括起来，大致有以下几个方面：

1. 思想道德与心理健康

在教学过程中通过对学生进行兴趣、动机、需要、情操、理想、人生观、价值观等动力性心理因素的学习和指导，使学生了解需要、动机与人生观、价值观的关系，明确培养良好的兴趣爱好是心理发展的起点，合理调节需要，激励健康动机是心理发展的动因，树立健康向上的人生观、价值观则是心理健康发展的根本。

2. 自我意识与心理健康

通过对大学生自我意识与自信心的心理知识和培养技能的学习和指导，使学生学会准确地了解自己，树立坚定的自信心。

3. 人格与心理健康

通过对气质、性格与人格的心理知识和塑造技能的学习和指导，使大学生学会自觉地矫正不良个性，培养健康的人格。

4. 学习与心理健康

通过对大学生进行由注意、观察、记忆、思维、想象等构成的智力心理知识和由兴趣、动机、意志构成的非智力心理知识的学习，并进行学习心理调节技能的指导，使他们迅速适应大学学习生活，掌握学习技能。

5. 创造与心理健康

通过创造心理的学习与指导，培养大学生的创造个性，训练创造性思维，使他们学会求知、创造，并不断提高创造力。

6. 人际交往与心理健康

通过进行有关待人接物、交往交友的人际关系心理知识与技能的学习和指导，使学生掌握人际交往的基本原则，养成乐群、合群、益群、友群等心理品质，提高交往能力，优化人际关系、提高生命质量。

7. 恋爱及性心理与心理健康

通过进行有关青春期晚期、成年早期身心变化规律及性心理、恋爱心理知识和应付技能的学习和指导，使之适应身心发展规律，学会自立、自理、自护、自爱、自强、自尊。

8. 情绪与心理健康

通过进行情绪、情感、意志等控制心理知识和调控技能的学习和指导，使学生养成自觉、果断、坚持、自制等心理品质，增强学生的自我控制调节和约束的能力。

9. 挫折与心理健康

通过学习了解挫折及其情绪反应，锤炼优良的意志品质，培养挫折承受力，预防自杀等不良心理问题的出现。

（二）不同运动项目对大学生心理健康的促进策略

1. 体育对心理健康的影响

从已有的研究成果来看，体育对心理健康的积极影响主要表现为以下几个方面：

（1）体育运动能促进认识能力的发展。各类体育运动项目有一个共同的特点，即在运动或高速运动中要求运动者既要能对外界物体（如球、器械等）做出迅速准确的感知与判断，又能迅速感知、协调自己的身体以保证动作的完成。这样长期的运动便能促进人感觉、知觉能力的发展，提高人的反应速度和直觉判断能力，使人变得敏锐、灵活。

（2）提高唤醒水平。唤醒是指身体的激活水平，对唤醒水平的愿望随任务的要求、环境和个性的不同而不同。例如一个性格外向的人，在舒适的环境中从事一项令人厌倦的工作时最需要的是提高唤醒水平。一般认为，体育锻炼能提高人的唤醒水平是由于各种感觉信息的输入。体育活动只有达到一定的运动量才能实现唤醒水平的提高，才能维持对消极情绪的长期控制。在一个舒适愉快的情景中，慢跑只能产生放松效果，不能提高唤醒水平。体育活动对于精神不振、心境较差的人具有显著的治疗和调节作用，可以使其摆脱烦恼，振奋精神。

（3）降低应激反应。应激是指个体对应激原或刺激所做出的反应。目前的研究认为，应激反应是一种包含应激原、个体对应激原的评价以及个体的典型反应等因素作用的过程，应激有积极应激和消极应激之分。在生活和工作中，人需要一定程度的应激反应，这有助于提高生活质量和工作效率，但过分的应激反应对健康是不利的。

通过体育锻炼可以降低应激反应是因为肾上腺素受体的数目或敏感性，降低心率和血压而减轻特定的应激原对生理的影响。1985年科巴沙（Kobasa）指出，体育活动可以锻炼人的意志，增加人的心理坚韧性，具有减轻应激反应以及降低紧张情绪的作用。

经常参加体育活动的人更少产生生理上的应激反应，如果有应激反应，也能尽快恢复过来，尤其是从事有氧运动，如跑步、轻快的走路、游泳、自行车、舞蹈、跳绳等对人的意志品质影响甚大。

（4）消除疲劳。在从事体育活动时保持良好的情绪状态，只需中等强度的活动量就能减轻疲劳。有研究表明，体育活动能提高最大吸氧量和最大肌肉力量，减轻疲劳。因此，体育活动对治疗神经衰弱具有特别显著的作用。

（5）增加社会联系。随着我国城镇化建设进程的不断加快，许多生活在城市中的人越来越缺乏适当的社会联系机会。体育活动是一种很好的增加人与人之间相互接触的形式。通过与他人的接触，可以使个体忘却烦恼和痛苦，消除孤独感，集体性体育活动能够增加社会满足感。研究证明，体育活动对于治疗孤独症和人际关系障碍有显著的作用。

（6）治疗心理疾病。根据基恩（Kyan）1983年的调查，1750名心理医生中，80%的人认为体育锻炼是治疗抑郁症的有效手段之一，60%的人认为应将体育活动作为一个治疗手段来消除焦虑。临床研究表明，通过参加一些如慢跑、散步、徒手操等身体练习能有效地减轻焦虑和抑郁症状，增强自信。除此之外，有关体育锻炼的心理治疗效应还反映在对精神分裂症、酒精和滥用药物、体表体形症状的研究等方面。

对于一个健康人来说，长期进行体育锻炼有促进心理健康的效益；对于一个患有心理疾病的人来说，这种效益更加明显。有一项研究表明，进行8周的体育锻炼后，精神病患者的抑郁状况得到了明显改善。另有研究表明，进行有氧练习的学生，其心境状况改善程度比控制组大，特别是那些练习前存在情绪问题的学生，其心境状态改善的程度最为明显。人们参加某个项目运动并坚持锻炼，他们的生理技能、身体素质将会得到改善，也会掌握并发展一些运动的技能和技巧。由此，个体会以自我锻炼反馈的方式传递其成就信息于大脑，从而获得自我成就的认知和情感体验，产生愉快、振奋和幸福感。因此，适宜的体育锻炼能使有心理障碍的个体获得心理满足，产生积极的成就感，增强自信心，摆脱压抑、悲观等消极情绪，消除心理障碍。

就目前而言，这些心理疾病的病因以及体育锻炼有助于治疗心理疾病的基本机制尚未完全清楚，但体育锻炼作为一种心理治疗手段已开始在国外流行起来。在学生中，通过体育锻炼可以减缓或消除由于学习和其他方面的挫折而引起的焦虑和抑郁等症状，为不良情绪的宣泄提供一种合理有效的手段，防止心理障碍或疾病的发生。

（7）提高自信，完善自我。在体育锻炼和竞赛中，特别是参加个人擅长的运动项目，能在身体完成各种复杂动作的过程中，在与同伴的默契配合中，在与对手斗智斗勇的拼搏中，取得胜利的喜悦中，获得自我满足，提高自信心，从而不断完善自我。

（8）调节情绪，陶冶情操。体育运动对心理健康影响的主要标志之一就是情绪状态，这是人的自然需要得到满足而产生的一种体验。情绪几乎参与人的所有活动，对人的行为活动起着很大的调节作用。体育活动能直接给人带来愉快和喜悦，降低紧张和不安，调控人的情绪，促进心理健康。伯格（Berger，1993）认为，有规律地从事中等强度（最大心率的60%~75%）活动的锻炼者，每次活动20~30分钟，有利于情绪的改善。有些研究人员发现，用力运动可减少情绪上的负担，甚至能减轻因精神压力的偶发事件造成的心理负担。通过运动行为的替代作用，减轻或消除情绪障碍。在当今比较发达的城市，人们在快节奏、高效率、强竞争的环境中，心理上会产生一定程度的紧张、焦虑和不安的反应。通过体育运动可以使不良情绪状态得到改善，心理承受能力得到提高。大学生在从事繁重的学习后，参加轻松活泼的体育活动，如练习韵律体操和舞蹈，在优美的音乐旋律中活动，欢快的情绪油然而生，在思想情操上得到陶冶，使人的精神为之振奋。

总之，体育锻炼能有效地促进智力发展，情绪调节，有利于培养良好的意志品质，能增强运动者的自我概念，改善人际关系，增进心理健康，使之发挥最优的心理效能。

2. 影响体育锻炼产生良好心理效应的因素

影响体育锻炼产生良好心理效应的因素很多，主要有：是否喜爱体育锻炼并能从中获得乐趣；运动的方式、运动项目及运动量是否适宜；体育锻炼是否长久坚持。

（1）喜爱体育锻炼并从中获得乐趣。这是体育锻炼产生良好心理效应的基础，如果对体育锻炼没兴趣就很难从中获得乐趣，就不可能产生满足感和良好的情绪体验。因此，努力学习体育锻炼的有关知识，正确认识与理解体育锻炼的价值与作用，加强课内体育教学与课外体育活动的衔接，培养广泛的体育兴趣对提高体育锻炼的良好心理效应具有重要意义。

（2）体育锻炼的运动方式。按人体在运动中的能量代谢方式，可将所有运动分为有氧运动、无氧运动和混合运动。研究表明，体育锻炼时以有氧活动为主，采用有重复性与有节律的身体活动（如慢跑、游泳、骑自行车、跳绳、健美操等），可以取得更好的愉悦身心的效果。

（3）运动项目。不同的运动项目或不同的运动形式所获得的心理效应是不同的。应尽量避免那些激烈竞争项目，可多选择一些个人项目，这样无论是运动时间、空间、动作节奏等都更易于控制，锻炼者可更随意、更自由地进行，更容易获得良好的情绪体验。

（4）运动强度及时间。要想获得较好的健心效果，运动强度应以中等强度最佳，即心率控制在最高心率（最高心率=220-年龄）的60%~80%，运动强度过大易产生紧张感和疲劳感，一次锻炼的持续时间应至少20分钟；少于20分钟的运动，很可能心理效应尚未出现，身体活动就停止了；时间过长又可能造成厌倦、疲劳，引起不良情绪。

（5）体育锻炼应持之以恒。有研究报道，身体练习的系统性越强，体育锻炼所产生的良好心理效应就越明显。这表明只有长期坚持体育锻炼，养成习惯，才可获得良好的健身效果。

3. 不同运动项目的心理健康促进的价值

对于个体来说，参加体育锻炼能否取得良好的心理效应关键在于是否能从活动中获得乐趣并感到愉悦。运动愉悦感是一种积极的情绪体验，如果活动参与者不能从体育锻炼中体验愉悦，个体就很难持久地坚持下去，体育锻炼就很难产生积极的心理效应。研究表明，体育锻炼中体验到的愉快感具有直接的心理健康效应。对于那些长期参加体育锻炼的锻炼者来说，愉悦感是他们能够坚持下来的主要原因。

（1）选择足球、篮球、排球以及接力跑、拔河等集体项目可以帮助孤独、怪僻，不大合群，不习惯与同伴交往的人逐步适应与人交往，并开始热爱集体。

（2）参加游泳、溜冰、滑雪、拳击、摔跤、单双杠、跳马、平衡木等项目，能使腼腆、胆怯，容易脸红，怕难为情的人不断地克服害怕、摔倒、跌痛等各种胆怯心理，以勇敢、无畏的精神去战胜困难。

（3）参加乒乓球、网球、羽毛球、拳击、摩托、跨栏、跳高、跳远、击剑等体育活动，在这些项目面前，犹豫、徘徊都将延误良机，遭到失败。

（4）参加下棋、打太极拳、慢跑、长距离的步行、游泳、骑自行车、射击等缓慢、持久的项目，能帮助遇事易急躁、感情易冲动的人调节神经活动、增强自我控制能力。

（5）参加公开的激烈的体育比赛，特别是足球、篮球、排球等项目，可以使遇事过分紧张，容易发挥失常（如考试）的人变得沉着冷静。场上形势多变，比赛紧张激烈，只有冷静沉着地应对，才能取得优势。"久经沙场"，遇事才不会过分紧张。

（6）选择一些难度较大、动作较复杂的技巧性活动，如跳水、体操、马拉松、艺术体操等体育项目，有利于更好地学会自我认知。也可找一些实力超过自己的对手下棋、打乒乓球或羽毛球等，不断提醒自己"山外有山"避免自负、逞强的心态的滋生。

4. 常见心理问题的体育疗法

（1）急躁、易怒的体育疗法。倘若你发现遇事容易急躁，感情容易冲动，可参加下棋、慢跑、长距离步行及游泳等缓慢、持久的项目。这些体育活动能帮助你调节神经活动，增强自我控制能力，稳定情绪，使容易急躁、冲动的问题得到改善。

（2）遇事紧张的体育疗法。遇到重要事情容易紧张、失常的学生，可参加公开激烈的体育竞赛，如篮球或竞技性强的游戏。因为场上形势多变，比赛紧张激烈，只有冷静沉着地应对，才能取得优势。若能经常在这种场合中接受考验，遇事就不会过分紧张，更不会惊慌失措。

（3）孤独、怪僻的体育疗法。如果你感觉到自己不合群，不习惯与同伴交往，可以选择篮球、接力跑、拔河等集体项目。坚持参加这些集体项目，能帮助自己慢慢地改变孤僻的习性，逐步适应与同伴交往，并热爱集体生活。

（4）腼腆、胆怯的体育疗法。有的学生胆子小，做事怕风险，容易脸红，易难为情，那么就应该多参加溜冰、单杠，越过各种障碍物等项目活动。这些运动要求参与者不断克服害怕摔倒、跌痛等各种胆怯心理，以勇敢无畏的精神去战胜困难，越过障碍。

（5）自负、逞强的体育疗法。如果你发现自己有好强、自负的特征，就应该选择一些难度较大、动作较复杂的活动，像长跑、技巧等体育项目。喜欢下棋、打球的话，就尽量找一些实力水平超过自己的对手进行比赛，以不断地提醒自己"山外有山"，万万不能自负、骄傲。

体育锻炼作为心理纠正的治疗方法，还要注意要有一定的强度、质量和时间要求。每次锻炼时间控制在30分钟左右，运动量要遵循从小到大、循序渐进的原则，还要防止发生意外事故。

第四节　社会适应与体育锻炼

世界卫生组织在其宪章中提出："健康不仅仅是没有疾病或是不虚弱，而是身体的、精神的健康和社会适应能力的总称。"因此，社会适应能力成为衡量大学生健康水平的重要维度。体育对培养高素质的人才，建立科学、健康、文明的现代生活方式和预防现代文明病的发生都有重要作用。因此，本节在阐述大学生社会适应的基本理论的基础上，结合体育的功能价值和体育教学的具体案例，阐述了怎样使学生学会在体育锻炼中崇尚公平竞争的体育精神，怎样与他人友好交往、建立良好的人际关系，怎样通过体育活动，形成良好的团队协作意识。

一、大学生社会适应概述

（一）大学生社会适应的概念及构成要素

适应是生物学中的一个名词，用来表示能增加有机体生存机会的那些身体和行为上的改变，心理学上用来表示生命体对环境变化做出的反应。根据心理学关于适应的概念，结合大学生群体的心理和行为的特点，大学生社会适应是指大学生为了更好地适应大学生活和将来急剧变化的社会而使自己的行为符合社会要求以及努力改变环境以获得更好发展的积极内在的心理活动过程。大学生的社会适应性是大学生是否健康的一条重要标准，是大学生进入大学后与大学环境相互作用与周围同学、老师交往的过程中，以一定的行为积极地反作用于周围环境而获得平衡的心理能力。具有较强社会适应性的大学生对环境变化大都持有积极灵活的态度,能够主动调整自己的身心状态,从而在现实生活环境中保持一种良好有效的生存状态。

心理学家的研究成果指出,社会适应性品质主要包括学习适应性、人际关系适应、竞争环境的适应性、合作能力和挫折耐受力等内容。学习适应性指大学生能够根据学习环境、学习内容以及教师教学方式的改变而对自己的学习准备、学习方式和复习方式等做出调整,包括准备学习计划、改进学习方法和积极努力的学习态度等。人际关系的适应是指大学生在生活实践中,能够建立起来的相对稳定的社会关系,并能对这种社会关系做出调整,以符合自身发展的需要。竞争环境的适应性是指为了自己的利益和需要而同他人展开竞争的行为,合作精神是指大学生之间为实现某一共同目标在思想或行为上相互协调配合的能力。挫折耐受力指学生面对挫折而采取的防御方法和自我调节方式。

(二)大学生社会适应现状及特征

在现实生活中,大学新生离开家乡,离开父母和家庭,步入新的生活环境,学习的内容、生活方式都发生了变化,日常接触的社会群体也发生了变化……这些变化,都会以一定方式影响学生的心理,导致学生心理上的不平衡和行为上的不适应。在一次对大学新生的调查中发现:有42%的学生反映,由于环境的改变,出现了矛盾、困惑心理。甚至一部分学生表现出了对现实的失落感。中学时,由于教师为了激励学生刻苦学习,考出好成绩,把大学描绘成一个"人间天堂",学生也将考大学作为唯一和最终目标来激励自己在埋首苦读。但当跨入大学校园后,突然发现事实并非如此,进而怀念起过去的中学生活。一部分学生发觉在中学时站在山顶"一览众山小"的感觉没有了,在高手如云的新的集体内,昔日那种"鹤立鸡群"的优越感荡然无存,心理上无形中产生了一种失落感。一部分学生则表现出对专业学习的困惑心理。与中学相比,大学学习具有更多的自主性、灵活性和探索性,进入大学后,学生一时无所适从,感觉一下子从中学的严格管教中"松了绑",但又不知如何安排学习,因而感到忧郁、焦虑和恐慌。还有一部分学生表现出对生活及环境的不适应。进入大学后,由原来依赖父母的家庭生活过渡到相对自立的大学集体生活,心理上难免产生一种孤独感。

二、大学生社会适应的内容与自我评定

(一)大学生社会适应的内容

1. 角色转换的适应

从一名中学生转变为一名大学生,每一位大学新生都面临着角色的转换,面临着对

自我的重新定位。在这种角色转换的过程中，如果自身的行为不能随着角色的变化而变化；不能随着时间、环境的不同而进行相应的调整，就可能会出现角色冲突，甚至出现适应不良。例如有一些学生入校后，首先感到难以适应的是在班级中地位的变化，因为能进入大学的学生在中学往往是尖子生，并且习惯了"拔尖"的感觉，进入大学后，四面八方的人才聚集在一起，势必使大部分同学失去原来的"拔尖"感觉，而出现"一般"甚至"比较差"的感觉。这种感觉上的变化越强烈，适应起来就越困难。很多学生在中学时期是学习尖子，可以说，很多人是带着"过去的辉煌"来到了大学，而进入大学后由于人才荟萃，不少人在学习上的优势将会削弱或消失，不再成为大家关注的焦点，大多数同学要从优势角色向普通角色变化，面对新的角色，有的学生发觉自己不管是从学生干部职务还是从学习上都很难再现辉煌，于是便产生了一种挫折感；有的新生由于往日盲目的自信和骄傲，此时便觉得自己掉队落伍，原有的优越感和自豪感变成了自卑感和焦虑感。这一转变很可能引发大学生对自己角色定位的困惑，出现失落、自卑、抑郁、退缩等心理问题。

从中学进入大学是人生中较为重要的一个变化，步入大学校园，随着环境的改变，个人角色也会改变，大学生应当正确地评价和认识自我，及时地进行角色调整，为自己重新确立一个恰当的位置和目标，进行新的角色定位和自我角色期待，而不是抱着原来的自我不放，这样才能完成角色适应，顺利地度过大学生活。

2. 生活、环境的适应

陌生的校园，陌生的脸孔，全新的语言环境，崭新的校园内外文化生活，怎样适应新的生活、新的环境，这是大学新生进入校园后首先要面临的问题。对于大多数刚踏进大学校门的学生来讲，他们在入学前，对大学的生活、大学的环境都充满了期望，然而理想与现实之间总是会有很大的差距，如果不能及时调整，以减少理想与现实间的冲突，就很容易导致各种心理落差和心理失衡，以至于不能很好地适应。

家庭舒适的生活条件，父母的各种关爱，使许多学生缺乏独立的生活能力，他们一旦离开了父母，便感到生活上失去了依靠。对于新生来说，进入大学后，没有了父母、长辈的每日悉心照料，首先要独立生活，独立面对生活中的困难，要学会打理日常生活，要学会自己照顾自己。从一日三餐到个人生活，一切都要自己做主，这些，会使一部分学生感到手足无措；饮食习惯的改变，生活环境的改变等等，导致有的学生会抱怨食堂不可口的饭菜，抱怨集体生活的种种不便，抱怨舍友的一些不良习惯；还有一些北方来的学生由于不适应南方炎热、潮湿的气候条件，会有一些生理上的不适，从而产生各种心理困扰。这一系列生活习惯和环境的改变都可能使他们感到不适应，因而出现想家、思念亲人、怀念老同学等现象，并由此可能产生各种烦恼，出现焦虑、抑郁、敌对、低落的情绪，严重者会影响心理健康。曾有一位考到外地高校的男生，由于无法面对没有父母照顾的生活，产生了严重的厌学情绪，最后宁愿选择退学，也不愿独立面对生活。

面对环境、生活的种种改变和不适应，学生除了要保持积极乐观的心态外，还应该积极寻求外部支持，获得家庭、朋友、同学和老师的帮助，应学会让自己坚强地独立起来，提高自理能力，为自己创造良好的生活环境，科学合理地安排课余生活，保持身心愉快，顺利地投入学习中去。

3. 人际关系的适应

我国心理学家丁瓒教授指出："人类的心理适应，主要是对人际关系的适应；人类的心理疾病，主要是由人际关系失调而来。"对于大学生而言，也同样如此。人际关系在大学生活中始终都是影响心理健康的重要因素。人际关系不良，会给大学生带来很多烦恼、焦虑和不安，进而产生许多心理问题。有调查发现，在大学一年级新生中有一半以上的有人际交往方面的心理困惑，这是大学新生最大的心理问题。

大学校园比中学更接近于社会，由于大学生来自全国各地，彼此之间的生活习惯、家庭背景、性格、语言都会有一定的差别，因此，每个人都会有不同的交际网络。在大学，来自天南地北、五湖四海的学生汇集成一个社会性群体，由于地域与家庭的差异，生活方式、性格、兴趣、思想观念、饮食习惯等多方面的明显差异，在这个大家庭的人际交往过程中，不可避免地会发生一些摩擦、冲突和情感损伤，这一切难免引起一部分心胸狭窄的学生的不快。本来远离父母就有一种孤独感，一旦出现人际关系不和谐并发生其他冲突，这种孤独感就会进一步加剧，从而产生压抑和焦虑。有些学生表现为人际交往心理障碍。因为语言表达能力较差，使得他们害怕与他人沟通思想感情，把自己的内心情感世界封闭起来。经常处于一种要求交往而又害怕交往的矛盾之中，很容易导致孤独、抑郁或自卑。还有些是因为性格上的不合群，在同学中不被理解而被排斥，便独来独往，不与他人接触，久而久之就产生了一种受冷落或性格孤僻、粗暴等心理倾向和心理问题。现实生活中，人与人之间都有差异。每个人都有自己的个性、习惯和观点。每个人在人际交往中都会遇到一些不和谐的情况，彼此交往之中会产生各种矛盾冲突或纠葛，要适应，就得容忍差异的存在。人无完人，人际交往中，既要能认清自己的不足和差错，也要能容忍他人的不足和差错。要学会尊重他人，诚恳和谦虚待人，求同存异，随时调整自己的态度和情感反应，提高自己的人际交往技巧，从而与他人建立起友好的、协调的人际关系。

4.学习的适应

上大学是人生的一个重要转折。有关调查显示，有 60% 的新生在学习心理上存在不同程度的问题。刚从中学毕业考上大学的大学生，在大学都要经历学习心理与学习方法的适应期，有的学生很快就能适应，但有的学生则适应得很慢。作为大学新生必须尽快有意识地从心理上主动适应大学的学习生活环境，这样才能为成才打下坚实基础。大学的学习比中学更复杂也更高深，也更为自觉、独立。老师的授课方式已不同于以往，大学里很少有人监督你，主动指导你，相当一部分大学生，上大学后由于"动机落差"，比如高中阶段唯一目标是考上大学，一旦目标实现了，上大学后自己就开始松懈，失去了目标。自我控制能力差，缺乏远大的理想，没有形成正确的人生观，以致学习动力不足，影响了学习效率与学习效果。培养自主学习能力，实现由被动学习到自主学习，有助于适应新的大学学习任务和环境。要尽快适应大学的学习生活，首先要学会自主学习。这就需要具有学习主动性。做时间的主人，有计划地学习，能充分利用自习的时间；要善于选择参考书或文献资料，有选择地学习，而不是盲目地学习；此外还要多渠道学习。除在课堂上学习外，还可以利用图书馆、资料室的图书资料进行自学，积极参加有关的学术讲座或课外兴趣小组，并主动拜访老师或同学，争取老师和同学的指导和帮助。要学会探索性学习，要积极参与实践，通过参加社会实践活动，了解社会，增长知识和能力。

如果学习的目的与动机是正确的，学习的毅力就会格外强大。教育心理学的相关研究表明，学习动机是直接推动学生学习的内部动力，是社会和教育对学生学习的客观要求在学生头脑里的反映，外显为学习的意向、愿望或兴趣等形式，对学习起着推动作用。因此，正确的学习动机和目的对适应大学的学习生活是十分重要的。

（二）大学生社会适应能力自我诊断

社会适应能力，指的是一个人在心理上适应社会生活和社会环境的能力。社会适应能力的高低，从某种意义上说，代表着一个人的成熟程度。下面的问题能帮助你进行社会适应能力的自我判别，请如实填写（A.是　　B.无法肯定　　C.不是）

（1）每到一个新环境，我总要经过很长一段时间才能适应。（　）

（2）每到一个新的地方，我很容易同别人接近。（　）

（3）在陌生人面前，我常无话可说，甚至会感到尴尬。（　）

（4）我最喜欢学习新知识或新学科，这能给我一种新鲜感，能调动我的积极性。（　）

（5）每到一个新地方，第一天总是睡不好，即便在家里，换一张床，有时也会失眠。（　）

（6）不管生活条件有多大变化，我都能很快习惯。（　）

（7）越是人多的地方，我越感到紧张。（　）

（8）在正式比赛或考试时，我的成绩多半不会比平时差。（　）

（9）我最怕在班上发言，全班同学都看着我，心都快跳出来了。（　）

（10）即使有的同学对我有看法，我仍愿意同他交往。（　）

（11）老师在场的时候，我做事情总有些不自在。（　）

（12）和同学、家人相处，我很少固执己见，总是乐于采纳别人的看法。（　）

（13）同别人争论时，我常感到语塞，事后才想起该怎样反驳，可惜已经太迟了。（　）

（14）我对生活条件要求不高，即使生活条件很艰苦，我也能过得很愉快。（　）

（15）有时自己明明把课文背得滚瓜烂熟，可在课堂上当众背诵的时候，还是会出差错。（　）

（16）在决定胜负成败的关键时刻，我虽然很紧张，但总能很快使自己镇定下来。（　）

（17）我不喜欢的东西，不管怎么学也学不会。（　）

（18）在嘈杂混乱的环境里，我仍然能集中精力学习，并且效率较高。（　）

（19）我不喜欢陌生人来家里做客，每逢这种情况，我都会有意回避。（　）

（20）我很喜欢参加社交活动，我认为这是交朋友的好机会。（　）

[评分办法]

1. 凡是单数号题（1，3，5，7，…），是：-2分，无法肯定：0分，不是：2分。

2. 凡是双数号题（2，4，6，8，…），是：2分，无法肯定：0分，不是：-2分。

3. 将各题的得分相加，即得总分。

35~40分：社会适应能力很强，能很快地适应新的学习、生活环境，与人交往轻松、大方，给人的印象极好，无论进入什么样的环境，都能应付自如，左右逢源。

29~34分：社会适应能力良好。

17~28分：社会适应能力一般，进入一个新环境时，经过一段时间的努力，基本上能适应。

6~16分：社会适应能力较差，依赖于较好的学习、生活环境，一旦遇到困难则易怨天尤人，甚至消沉。

5分以下：社会适应能力很差，在各种新环境中，即使经过一段相当长时间的努力，也不一定能够适应，常常感到与周围事物格格不入而十分苦恼。在与他人的交往中，总是显得拘谨羞怯，手足无措。

温情提示：如果你在这个测查中得分较高，说明你社会适应能力较强。但是，如果你得分较低，不必忧心忡忡，因为一个人的社会适应能力是随着年龄的增长、知识经验的丰富而不断增强的。只要你充满信心，刻苦学习，虚心求教，加强锻炼，一定能很好地适应社会。

三、体育运动促进大学生社会适应能力提高的策略

体育活动本身就是一个社会交往的范本，包含着等级观念、流行时尚、服装潮流、法律精神、基本道德行为规范、商业关系等许多社会交往中的常见要素，就像一个"价值容器"盛载着社会上主要的、流行的价值观念。在学校教育中，校方对体育课教学和课外体育活动的态度，对学生参与体育活动的社会化过程产生着很大的影响，尤其是体育课教学，除了增强学生体质、增进学生健康外，还教授学生有用的社会知识，陶冶学生个性，培养学生优良的道德品行。由于少年儿童在学校逗留的时间长，因此学校教育和同学之间营造的体育运动气氛或体育社会化过程的重要环节。

社会化的过程对学生来说也是一个角色学习的过程。体育活动中的角色很多，如竞赛者、队友、教练、裁判、观众、组织人员等，这些角色就是现实生活中的一些角色的缩影，因此，通过参加体育活动，学生可以学习和体会现实社会中的各种不同角色，获得相应的体验。

（一）体育运动与大学生合作精神的培养

1. 体育运动中的合作形式

在体育活动中，特别是在篮球、排球、足球等集体运动项目中，参与者之间的通力合作是活动顺利进行、取得良好运动效果和运动成绩的重要保证。体育运动中的合作形式多种多样，有运动参与者个体之间的合作、个体与群体间的合作，还有教师与学生、教练与运动员之间的合作，不同的运动项目、不同的运动情境，参与者之间的合作形式也各不相同。在集体运动项目中，如篮球、排球、足球等，一次成功的进攻或防守，往往需要同队数名队员的积极跳动、传球、掩护等一系列战术行为作用下才能奏效。在集体参与的个人项目中，例如田径、游泳等，团队的胜利更是取决于每个队员的努力、个人成绩的积累。在比赛场外，负责后勤保障的无名英雄的辛勤劳动以及广大观众的呐喊助威，则是一种间接合作，也是运动员取胜的重要保证。可见，体育运动离不开合作，合作能力是体育运动参与者必须具有的素质，也是一种通过体育运动可以培养与发展的能力。

2. 体育合作的要素

默契、成功的体育合作取决于以下要素：

（1）集体主义观念。在体育运动中，要发扬和倡导以大局为重的集体主义精神。如果运动参与者心无集体，凡事总是把个人的名利放在首位，他的行为就无法与集体的意愿相统一，也难以与队友和同伴合作。例如在足球比赛中，进攻一方将球由中场传到前场右边。如果右边锋是个喜欢出风头的人，一味地只想自己射门进球，而不把球传给处于最佳位置的队友，将队友"视为观众"，这就是不合作，是个人英雄主义的表现。在体育实践中，一个时时能以全队的整体运动效果为目标的人，才能使个人行为有助于团体所得，使团队的活动更有效，才有可能获得成功。

（2）体育运动目标。共同参加一项体育运动的人点是有意识的，努力以预定计划之间调节相互之间的行动。每个人和团队在体育运动中都具有各种目标，有的是为了比赛获胜（名次），有的是为了在比赛中创造好成绩，有的为了娱乐休闲，有的为了健身，有的重在参与。在运动中，如果合作双方的目标一致，他们在制订运动计划时就易趋向一致，运动中就容易合作，达到默契。

（3）战术意识和战术行为。战术意识是指运动员或参与者在比赛中（包括非正规比赛和游戏）为达到制胜对手、获得成功的目的而决定自己战术行为的思维活动。战术意识强的队员，能在多变的竞赛环境中及时准确地观察场上的情况，做出正确的判断且随机应变，从而决定自己的行动，与同伴协调配合。实践证明，合作各方战术意识一致或相近，认识与判断事物就易趋向一致，行为就容易协调一致，也就更容易达成默契。

战术行为是为达到特定战术目的而采取的动作、动作系列和动作组合。在集体性运动项目中，全队的战术行为能否协调一致与战术意识密切相关。经常参加集体性运动项目有助于培养良好的战术意识、合作精神。

（二）体育运动与大学生竞争意识的培养

竞争与合作相对立，是指为了自己的利益而同他人争胜的行为。在竞争的社会情景中，一方的得益往往会引起另一方的利益损失，而且个人对个体目标的追求程度要高于对集体目标的追求程度。竞争观念在现代社会一个重要的价值观念，现代社会竞争日趋激烈，竞争既是体育的特征之一，也是体育精神的重要内容之一。现代奥林匹克运动"更快、更高、更强"的口号就是竞争的体现。市场经济社会就是竞争的社会，各行各业的竞争归根到底是人才综合素质（科技文化、思想品德、体质）的竞争，竞争过程是人们身心素质，各方面知识、能力的自我展示，也是优胜劣汰过程。竞争是体育运动的主要特征之一，在体育运动中，时时处处充满竞争，既有对自己运动能力的挑战，如长跑到达"极点"时，是坚持下去还是半途而废？既有人与人之间的竞争，也有团体与团体之间的竞争，这种竞争，必须讲究良好的体育道德，取胜要靠自己的能力，而不是通过不择手段地伤害他人来达到。体育运动与保守性格势不两立,强烈的竞争性督促着每一个参与者不断去创新和变革。在体育运动中,不讲门第,不排世袭,不序尊卑。在竞争活动中不承认除个人身体、心理以外的任何不平等。体育运动最讲规则,不徇人情;最讲现实,不论资历;最讲务实,不图虚妄。它以"公平竞争"为宗旨,强调这样意识和观念:权利和义务、成功和失败、机会和风险。学校可以通过体育竞争来培养学生积极进取的竞争意识,为其日后走出校门,投身竞争激烈的社会,提供思想上的应变准备。

第二章 高校体育教学概述

第一节 体育教学指导思想与制约因素

学校体育教学指导思想是对体育教学活动起方向指导作用的，是以教学目标、教学任务为核心的基本观点与认识。它从体育教学的角度反映了一定时期社会对学校体育、体育教学培养人才的要求，在根本上是与社会的政治经济发展水平、学校体育发展水平相适应的，是当今社会对人才培养的新要求相适应的。按照改革开放时期党的教育方针，人们开始从多角度、多层次的系统出发，进一步确立生物、心理、社会等多层次的学校体育观。在学校体育指导思想方面，强调学校体育要增强学生体质的同时，为终身体育求基础，为竞技运动备人才，为培养个性全面发展的社会主义现代化建设者服务。

一、体育教学指导思想

虽然高校体育理论界开展过多次有关体育教学指导思想问题的讨论，但至今尚未取得一致的认识。归纳起来，主要有以下几种观点：①体育教学应以增强学生体质、提高健康水平为主，因此提出了"体质教育"的指导思想；②"三基"教学是体育教学的中心环节，因此提出了"技能教育"的指导思想；③体育教学应以促进学生德、智、体全面发展为方针，以全面完成体育教学的各项目标为主导，因此提出了"全面教育"的指导思想；④当前国内外教育家都十分重视在学校教育中培养和发展学生的能力，所以提出了"培养能力"的指导思想；⑤随着竞技体育的发展，许多高校都成立了高水平运动队，于是有的学者强调高校要为发展学生竞技能力，提高运动技术水平多做贡献，因而提出了"竞技体育"的指导思想。此外，还有"快乐体育""主动体育""终身体育"等体育教学指导思想。从体育教学改革的现状看，各种指导思想都在不同程度地发挥着作用，各种观点都有不同的针对性、时代性和强调的重点。在当前体育教学改革的热潮中，体育教学指导思想，观点纷呈，各种指导思想的提出和争论，是深化体育教学改革、活跃学术气氛的表现，对于逐步建立具有中国特色的体育教学体制是十分有益的。

体育教学指导思想是体育教学活动的根本方向和主要目标，体育教学要落实终身体育的指导思想，就必须立足于现实，着眼于未来，对现有的体育课程进行整体改革，重视体育理论知识的传授，从而建立"少而精"的体育实践教材新体系，延长开设体育课程的年限，体现"以人为本"的观念，关注学生的身心健康，为学生终身健康服务。

二、体育教学指导思想的主要制约因素

体育教学指导思想的形成与发展具有历史的和逻辑的必然性，制约这种必然性的因素是多种多样的，诸多因素的矛盾影响着体育教学指导思想的产生和发展。正如恩格斯所说："历史从哪里开始，思想进程也应当从哪里开始。而思想进程的进一步发展不过是历史过程的抽象的、理论上的前后一贯的形式的反映；这种反映是经过修正的。这时，每一个要素都可以在它完全成熟具有典型形式的发展点上加以考虑。"尽管要理顺这些复杂的制约比较困难，但从系统论的角度把体育教学看成一个系统加以分析和概括的话，两种类型可以把体育教学指导思想的诸多制约因素分为外部制约因素和内部制约因素。

（一）外部主要制约因素

体育教学指导思想作为一种理性的东西，综合反映了一种社会现象，它绝不是独立存在的，必然受到某些哲学思想、教育思想和民族习惯及文化观的影响。因为思想史的研究不是单一地研究某一领域，而是站在政治、经济、历史、教育、宗教、社会等层次上综合的、全面的理论体系和学说。体育教学本身是由于社会的需要而产生的，体育教学思想是一种社会思潮、倾向和目的的复合体现。这种复合体必须依托于一定社会的政治、经济、文化背景而存在，正如研究体育思想史时，要把某一体育思想纳入整个社会背景中去分析它的产生、发展和各种社会因素一样，当我们从整个社会的政治、经济、文化等背景出发考虑体育教学指导思想的制约因素时，不能忽视社会生产力发展水平，尤其是科学技术发展水平的影响和作用。科学技术是第一生产力，它的发达程度往往取决于教育发展水平，而教育发展水平标志着教学理论和心理学的发展水准。作为学校教育的重要组成部分的体育教学，在研究其指导思想的制约因素时，也不得不考虑这些因素。

综上所述，要探讨体育教学指导思想的外部制约因素，就必须从全面的、综合的、联系的观点出发，既考虑社会背景，又考虑社会生产力发展水平。

（二）内部主要制约因素

体育教学指导思想不仅受外部因素的制约，同时还受其系统内部如体育教学的本质特征和功能、学生身心发展特点和规律、传统体育教学观念、学校体育教学发展的不平

衡和多样性、体育教师的政治水平和业务水平、学生的体育观念和体育态度等诸多因素的影响。

第二节 体育教学体制的目标、内容、方法和评价

一、不断发展体育教学目标

目标是想要达到的境地或标准。体育教学目标是体育教学活动的主体在具体教学活动中所要达到的结果或标准，是教、学双方都应共同遵循的，对教师来说是教学的目标，对学生来说则是学习的目标。理想的教学目标应该是教学目标与学习目标的统一。由于体育教学目标是在具体的教学活动中所要达到的结果，也就意味着，具体教学活动不同，教学目标也会有差异。可以说，体育教学目标是一个系统的，由大小的、具有递进关系的一系列教学目标组合成的。它包括教学总目标、课程教学目标、单元教学目标、课时教学目标几个层次，各个下属目标都是其上位目标的具体化。人们追求的目标，总是有特定价值的目标，有特定价值的目标又总是诱发人们的追求。总之，追求价值是人们产生行为的内在动因。体育教学目标也是如此，必须有特定的价值，人们可以通过选择教学内容、方法、手段等来达到这一价值。

（一）体育教学目标的发展过程

我国体育教学目标从单一追求社会需要向追求社会需要与个体需要相结合的方向发展，可以通过6次体育教学大纲的修订过程看到这一趋势。1956年，我国第一套体育教学大纲明确规定体育教学的目标是"培养学生成为全面发展的社会主义的建设者和保卫者"。1960年，高校体育教材规定体育教学的目标是"增强学生体质，并通过体育向学生进行共产主义教育，使学生能更好地学习、参加生产劳动和准备保卫祖国"。1976年至80年代中期，学校体育教学大纲规定体育教学目标是"增强学生体质，使之在德育、智育、体育几个方面都得到发展，成为有社会主义觉悟有文化的劳动者"。1992年，体育教学大纲规定体育教学的目标是"全面锻炼学生身体，增进学生身心健康；掌握体育的基础知识、基本技能，提高学生的体育意识和能力，为终身体育奠定基础；培养学生良好的思想品德，陶冶学生情操"。2000年，体育与健康教学大纲规定体育教学的目标是"学校体育与健康教学以育人为宗旨，与德育、智育和美育相配合，促进青少年身心的全面发展，为培养社会主义的建设者和接班人奠定良好的基础"。2002年，体育教学

大纲规定体育教学的目标是"使大学生掌握体育与健康的基本知识、运动技能和科学健身方法；培养运动兴趣和爱好，形成终身体育的意识、习惯和能力；培养竞争意识、合作精神、坚强意志品质和良好的体育道德，增强情绪控制和抗挫折能力；养成积极乐观的生活态度和健康的行为方式；培养关注和参与社会体育与健康事务的能力"。从以上所列举的目标来看，1992年以前的体育教学目标要求学生增强体质，在德智体美几方面都得到发展，目的是为社会主义培养合格的建设人才，很明显，这一目标强调了社会需要，突出了体育教学的社会价值。1992年以后，体育教学大纲对教学目标的表述发生了很大的变化，突出特点是更重视学生身心发展，旨在为学生终身体育奠定基础，在教学中注重陶冶学生的情操等个体需要，2000年的体育与健康教学大纲明确指出"应以育人为宗旨"，更加明确了以学生为本的教学目标。从此，体育教学目标才实现了由单一追求社会价值向追求社会价值和个体价值相结合的方向发展。由我国体育教学目标的发展轨迹可见，它与我国政治、经济、文化教育发展的时代要求相应和。这个全国统一的教学目标，以及为实现这个目标而建立的一整套体育教学的基本体系，其主要特征为教学目标的统一性、教学要求的整体性、教材内容的系统性、教学管理的纪律性。

（二）体育教学目标的发展特点

任何阶段的体育教学目标的规定、发展和变化都是要与当时社会的政治、经济、文化的发展紧密相关的，都要服从、服务于社会的需要，遵循教育的发展规律；体育教学目标涵盖了智育、德育、美育和体育等各个方面的内容，具有统一性，形成统一的教学体系；体育教学目标是实现体育目标中增强体质，增进健康的基本途径之一，在任何阶段增强学生体质都是体育教学目标的首要目标。体育教学任务是体育教学目标的具体体现，体育教学目标的制定要完全符合全体大学生的身心发展规律和社会发展的实际需要。

（三）体育教学目标的发展趋势

在倡导"以人为本""健康第一""终身体育"教育观念的同时，体育教学目标也从单纯追求学生外在技能学习转向面向全体学生的身心协调发展，打破传统的以运动技能传授为主线的教学体系，构建集学生的个体需要、体育能力、习惯培养、健身娱乐、体育卫生健康知识传授于一体的新的教学体系。

首先，重视发展学生体育理论于知识水平，重视加强体育科学基础知识、体育运动和卫生保健基本知识和技能的传授；其次，在高校体育课教学过程中，重视学生终身体育态度意识和行为、能力的培养；最后，在高校体育课教学过程中，强调适应和发展学生的个性，注意培养学生对体育的爱好并使之享受体育学习的乐趣。

（四）体育教学目标的价值取向

所谓价值取向，是人们价值思维和价值选择的方向。体育教学目标的价值取向也就是在制定体育教学目标时对体育的价值思维和价值选择的方向。体育教学目标是体育教学所要达到的目的，既是一切体育教学活动的出发点，也是归宿，更是体育教学目标的价值得以实现的基本条件。体育教学目标的价值取向有社会本位和学生本位之分。社会本位要求教学以社会为价值主体，满足社会需要，旨在把学生培养成社会所需要的人。学生本位要求教学应满足学生的个体需要，教学应以学生的兴趣、需要为出发点，让学生自由地、自然地发展。

二、深入改革体育教学内容

（一）体育教学内容的概念

目前，我国对体育教学内容的概念还没有统一的定义，体育教学内容的概念有如下三种：第一，体育教学内容是依据体育教学目标选择出来、是根据学生发展需要和教学条件制定出来的，是在体育教学环境下传授给学生的体育知识原理、运动技术和比赛方法等，体育教学内容与体育教材的意思基本相同；第二，为实现体育教学目标而选用的体育卫生保健基本知识和各种运动动作；第三，体育教学内容指的是在体育教学活动中，传授给学生的体育与健康知识、技术技能、培养思想品德、发展智力、体力的总和。体育教学内容应当是针对体育教学目标而选择的有利于促进学生身体健康的各种体育理论与运动活动的总称。

（二）教学内容的改革

高校传统的体育教学内容与中小学雷同，多而杂，重点不突出，无针对性，缺乏培养学生从事体育活动的兴趣、爱好、习惯以及独立进行身体锻炼的能力。体育课教学内容中，轻视理论知识教学的现象非常严重，体育人文、体育锻炼等有关科学知识的传授缺乏针对性、时效性和长远性，学生对自己的体育实践往往没有深刻认识，难以在课后自觉锻炼。高校体育与社会体育存在断层，缺乏连续性和统一性，教材选择缺乏能使学生终身受益的内容，以致不少大学生大学毕业后，体育活动也就此终结。由此看来，体育教学内容有必要从以下几个方面进行改革：

1. 健身性

健身是体育的本质功能，也是体育教育追求的最根本目标。尤其是面对学生体质、体能下降的现状，更应选择健身强体的体育内容，比如在每一次体育课都增加素质锻炼的内容。

2. 教育性

教育性即选择的内容要蕴含着丰富的教育因素,能对学生的体育意识、体育行为、道德品质、人格完善能产生深刻影响。比如教师在课堂上,寻找恰当的时机讲解课程的理论意义和实际意义。

3. 针对性

针对不同的教育对象,采取不同的措施,不可千篇一律,应多鼓励,充分调动学生的参与意识。

4. 娱乐性

娱乐性即选择的体育内容要具有趣味性、游戏性与新颖性,要对放松身心、消除疲劳、调节情绪、改善心态、丰富生活具有积极作用,如攀岩、定向越野等。

三、创新体育教学方法

长期以来,我国的体育教学以技术教学、技能教学、体能培养为主导思想,以运动成绩为主要要求,生物体育、体能体育成为高校体育建设的目标,所以更注重运动教育、技能教育、体能教育,注重教学的形式、结构、内容、方法、手段、要求、考核、评价等的统一性与标准化。在中华人民共和国成立初期和社会经济大发展初期,这种体育教学适应了国家建设所赋予高校体育的目标和要求,促进了体育的发展,具有积极的意义。当前国家经济转型,世界文化交流激增,旧体育思想和观念的局限性与片面性突显。体育教学如何与整个高等教育发展相协调,如何适应转型期体育建设的主题,如何适应人才培养的新模式,是中国体育教学能否在21世纪从根本上改变现状、摆脱桎梏、创新发展模式的关键,也是能否在新形势下全面展示体育育人功能的关键。

(一)当前体育教学方法存在的主要问题

1. 教学方法单一

当前,很多高校体育教师由于受传统教育思想观念的影响和制约,在开展体育教学活动时,往往存在教学方法单一的问题。在教学活动过程中,一些高校体育教师仍然停留在以传授体育技术为主要教育目的的方法上,一般表现为继承讲解、示范、练习等传统落后的教学方法。这样,教学效果可想而知。必须进一步转变教育观念,在继承和发扬传统体育教育的长处的同时,不断创新体育教学的方式方法,更好地为开展体育教学服务,促进学生的身心全面健康发展。

2. 传统教学思想影响当前体育教学方法的革新

传统的体育教学方法是教育者有目的、有计划、有组织地对受教育者提供各方面的帮助，以期改变受教育者的心理和生理现状，使教育者达到预期教育目的的活动。这种传统的体育教学观念往往只注重强调教育者的主体作用，忽视了受教育者主观能动性。在推行素质教育和创新教育的今天，传统教学方法已经阻碍了当前体育教学改革的发展。在传统教学思想的禁锢下，学生在体育教学活动中一直处于被动、消极、受压制的地位，许多学生对体育课产生了消极情绪。因此，必须改革体育教学方法，使学生课内与课外一样生气勃勃、积极主动。

3.忽视学生主体作用的发挥

教学以教师、课堂、教材为中心，强调严密组织、严格纪律，重视教师"主"的作用，为了实现完整的教学进程，教师作为知识传授者无可非议。在真正的学习过程中，学生是主体，教学的主要目的是让学生通过学习有所获得，所有教学方法与形式的选择都应该为这个目标服务，所以在尊重教师作为掌握整个教学进程的主导者的同时，更要尊重学生这个学习主体，学习主体的实际需要与个体差异是教师教学的依据，只有这样，才能使教学有章可循。

（二）体育教学方法改革的目的

众所周知，在高校体育改革中教学改革是重点。改革体育教学方法，加强学生获取知识的能力和对学生创新精神的培养，是深化体育教学改革的重要内容，对提高办学效益，保证体育教学质量的提高，具有重要的现实意义。1982年8月，邓小平同志在视察北京景山学校时指出："教育要面向现代化，面向世界，面向未来。"这句话深刻地阐明了我国社会主义教育的战略方向。当前，从整体上看，以社会发展的观点来看，高等体育教育面临的将是信息化的社会和知识经济为主导的社会，国力的强弱越来越取决于劳动者素质的高低，取决于各类人才的数量和质量的总和，这对培养和造就我国社会主义建设急需的一代新人提出了更高规格的要求。体育教学方法改革的目的在于适应时代发展。改革的目标是培养有知识、有能力、社会认可程度高、全面发展的综合人才。

（三）体育教学方法改革的措施

1.更新教育思想和教育观念

深入开展体育教学方法的改革，必须进一步更新教育思想和教育观念。高等学校体育教育必须树立全面加强素质教育，树立终身体育思想，增强质量意识等现代教育思想和教育理念，充分认识体育教学方法改革在整个教育教学改革中的地位和作用，把以教师为中心、以课本为中心的传统教学观念转变为以学生为中心、以学习为中心的现代教学理念；把重知识传授、轻能力培养的观念转变为既传授知识，又重视能力培养，更重视素质教育的观念。在提高认识、转变观念的基础上，把体育教学方法的改革不断引向深入。

2. 实现新型教学模式的创新

创建以学生为主体的新颖教学方法是当前高校教学改革的主要目标之一，是改变传统教学模式，建构既能发挥教师的主导作用又能充分体现学生认知主体作用的新型教学模式。在这种新的教学模式下，教师是教学活动的指导者和组织者，学生是知识的主动发现者和探究者；教学过程以学生的意义构建为核心，通过建立教学情境，加强师生之间、学生之间的讨论、协作，开展与理论紧密结合的实践活动，使学生发现知识、理解知识，并通过意义构建形成自己的知识结构。新型体育教学模式就是在先进的体育教学思想和教学理论指导下建立起来的适应各种类型教学活动的基本结构和框架。这些新的教学模式的出现，有的取向于各种模式的综合运用，有的取向于师生关系的建立，有的取向于教学内容，有的取向于技能学习与学生心理发展。学生从被动学习到主动学习，从生理改造到终身体育意识培养，从能够学习到学习水平的提高，都是教学模式创新的成果。

3. 改革体育教学的内容

体育教学内容是指为实现体育教学目标而选用的体育卫生保健基本知识和各种运动动作，是实现体育教学目标的根本保证。方法是内容的运动形式，体育教学方法因体育教学内容而存在，它的选择和运用受体育教学内容的制约。首先，体育教学内容的形态制约着体育教学方法的选择；其次，体育教学内容的复杂程度制约着体育教学方法的选择。在一定的教学条件下，体育教学内容过多，会造成体育教学方法的单一性，而将教学内容减少或压缩一些，则会促进体育教学方法选择的多样化。所以在体育教学过程中，教师只有独立对体育教学内容进行重新加工，真正掌握其特点，并把它们纳入自己的知识体系，才能在体育教学方法上获得选择与创新的自主权。

4. 重课堂，优化教、学、练

体育教学方法的优化，不仅在于体育教师"教"的优化，更应包括学生"学""练"的优化。教育学家陶行知先生认为"好的先生不是教书，不是教学生，乃是教学生学。""教"应该着眼于学生的学和练，优化教育教学过程应该突出对学法、练法的研究。所谓体育教法是教师依据体育教学目标，根据体育教学内容，向学生发送信息，传授体育知识、技术、技能的方式方法；学法则是学习体育的基本规律、基本方法。因此，优化教育教学方法应该从两个层面入手：第一，要通过教学方法的优化使学生"要学"；第二，要通过体育教学方法的优化使学生"会学"。体育教学过程中，教师既要注意学习认识规律、身心发展规律、运用技能形成规律的渗透，还要及时优化学练方法，努力改进教学，以适应学生掌握和运用学法、练法。一切教法都要力求使学生会看、会做、会说、会练等。当教师的教学方法着眼于学生的学与练，引导学生达到先是"要学"，继而"会学"的境界时，"外因通过内因起作用"，学生产生了兴趣，掌握了练法，体育教学的实施才能产生预期的效果。

5. 积极培养学生的创新意识

积极培养学生的创新意识，是创新体育教学方法的重要策略之一。首先，要创新思想认识。坚持发展娱乐体育与健身体育的有机结合，这是转变高校体育教育思想观念的具体体现，更是当前体育教学的根本任务。其次，要创新教学内容。教师应当结合实际选择一些符合学生身心健康发展的、深受学生喜爱的体育项目与内容开展具体教学活动。这样，就可以切实改变体育教学内容枯燥乏味的不足。最后，要创新教学方法。教师可以结合学生的需要，采用启发式教学以达到引导学生自己动脑、动手思考和解决问题，进而不断激发和调动学生的积极主动性，不断培养学生发现问题、思考问题、分析问题的能力，促使学生积极自主进行学习，培养锻炼学生的自觉性、主动性，不断养成学生自我锻炼、终身锻炼的行为与习惯。

6. 把握体育教学方法的整体性

体育教学方法的优化，不能局限于就教学方法研究教学方法，而应系统地考虑构成体育教学方法体系中的各种因素以及它们之间的内在联系。首先，要把体育教学方法作为整个体育教学系统中一个重要因素，在体育教学过程诸要素之间考察其作用与效果。事实上，体育教学方法总是和具体的教学内容相联系并与一定组织形式相结合的。其次，要把具体的方法作为一个要素来研究，力求各要素的最佳组合。实现体育教学过程的最优化，绝不是将传统的体育教学方法完全摒弃，而是在提高质量的同时，使它们在具体的教学情境中发挥最佳的效用。体育教学的特点决定了体育教学方法的多样性，各种方法各自的优劣只是一个相对的概念，所谓"好的教学方法"，实为"最适当的教学方法"，是相对具体的目标而言的。如"手把手"的教学方式可以用来帮助学生体会某些技术要领，在获得"运动感受性试验"时是行之有效的，但并不适用于所有技术。现代化的直观教具如电影、电视、幻灯等的运用大大丰富了教学手段，但也在一定程度上影响了学生抽象思维的发展。可见任何一种教学方法都有其优越性和局限性。要根据各种教学方法的相互联系和辩证关系取长补短、相辅相成。发挥体育教学方法本身的整体综合效应。现代信息技术在体育教学中的应用，不仅为老师提供了新的教学方法，也为老师和学生建立了很好的交流平台，让教学更自然地延伸并发挥其应有的作用。根据具体情况认真研究课程建设、改革教学方法，营造现代化的教学环境是现代教育改革的必然要求。

四、完善体育教学评价体系

体育教学评价具有对体育教学活动及其效果进行判断，通过信息反馈调控教学过程，保证教学活动朝向和达到预定目标的功能。目前，高校体育课程的改革已成为高校体育教师普遍关心的热点问题。让学生体验运动乐趣和发展学生主动性的体育教学模式，正在被许多高校所推广。但是，由于教学评价在我国起步较晚，不论是理论研究还是实践操作，都还处在一个不断发展的时期，作为教育评价的一个分支，体育教学评价工作开始更晚，许多方面还处在探索之中。由于与新的体育教学模式相配套的体育教学评价体系的缺位，仍采用旧的体育教学评价体系评价新的体育教学模式，这显然是不合时宜的，推出新的体育教学评价体系因此成为当前亟须解决的问题。

（一）传统体育教学评价分析

传统的体育教学评价方法，采用运动项目测试的成绩给学生评分，这种方法是描述学生的个体水平及其在群体中所处的位置的，并不能客观地反映学生学习前后的变化，作为体育教学效果评价不够合理。用什么样的评价方法来描述学生个体在学习过程中的变化程度，从而更合理地为学生评分，这正是研究体育教学评价的目的。

1. 体育教学目标认识的误区影响着体育教学评价的方向

体育教学目标影响着体育教学评价的方向。关于体育教学目标的确立，一直存在着不同的观点。在学校体育目标与体育教学目标的异同上，在体育教学中增强体质与提高健康水平的互相联系上，在提高运动技能水平与掌握锻炼身体的方法上，在提高运动技术技能与掌握手段的相互关系上，在对终身体育意识和体育能力的认识上，甚至在教师主导作用上都存在一些误区。体育教学目标的内涵不明确，层次模糊，导致课堂教学任务的确定、教学内容的选择、教学方法的应用都受到了影响。这种体育教学目标认识的不一致，必然会在教学评价体系的具体指标中反映出来，并对体育教学的方向产生影响。

2. 注重评价指标定量化导致评价结果的片面

注重量化，强调可操作性、可比性，是体育教学评价的一种倾向。人们认为量化的东西比较客观，便于操作，结果的可比性也很强，因此热衷于进行定量分析，忽略了对评价目的和评价理论的深入研究和认真分析。这种片面性主要表现在评价指标体系总是以能直接量化的因素为主体，如学生的技评与达标成绩，学生的达标比例，上课时学生的密度、强度、运动量曲线等，然后将不易量化的教学行为采取分级量化的形式，对优秀、良好、及格、达标、不达标等给予相应的分数，而那些在体育教学中很有意义，很难量化的因素却被忽略了。如学生正确体育态度的形成、情感意识的发展、终身体育意识的树立、体育能力的自我超越等，这些都是体育教学目标的重要组成，本应该作为体育教学评价的重要内容，却大多在评价体系中没有体现。显然，这样的指标评价体系是不完整的，评价结果是片面的。

3. 结果的功利性影响评价结论的客观性

运用客观标准对体育教学进行检查，通过认真分析和评判，得出结论，然后进行信息反馈，以进一步改善教学，这是体育教学的出发点和落脚点。教师自己主动评价时，这种指导思想容易得到体现，一旦评价的结果同教师评优、晋职等联系起来时，就使之蒙上了功利性色彩，得出的评价结论就会变得复杂起来，评价者可能就会考虑各种与评价无关的因素，只肯定成绩，对改进教学的意见却闪烁其词、避而不谈，使评价结论失去了公正性，不能客观地反映评价的真实情况，体育教学评价也就失去了应有的价值。

（二）高校新的体育教学评价与传统体育教学评价的区别

1. 评价的指标所体现的作用不同

传统体育教学评价的作用在于考查学生对总量掌握了多少；而新体育教学评价除了具有传统体育教学评价的功能外，还包含学生完成目标的情况。

2. 评价对象的影响范围不同

传统体育教学评价对部分学生的影响是消极的，有的学生"不努力都行"，有的学生"怎么努力都不行"。而新体育教学评价要求所有学生都要确立目标跟踪目标完成情况，影响范围广，是积极的"只要努力就行"。

3. 由终结评价向过程评价转化

传统体育教学评价定位于教学内容结束时的最后评分，而新体育教学评价考虑的是起始目标到终极目标的变化程度，是过程目标和终极目标的结合。

（1）评价从重结果向重过程转化。目标评价的目的是通过评价教学过程，达到督促和鼓励学生学习、修正和改进教师教学方案的作用，发挥了反馈功能。

（2）评价内容从单一向多元转化。影响体育教学评价的因素是多方面的，是对学生学习效果的多因素评价。

（3）评价方法从定量到定量与定性相结合转化。体育教学评价包含学生的情感态度等非智力和非体力因素的结合，定性分析纳入评价内容，量化指标的重要性相对降低。

（三）新的体育教学模式与传统体育教学评价间存在的问题以及解决的办法

1. 主要问题

新的体育教学模式与传统体育教学评价标准间存在的主要问题，将会导致学生所学的项目与所考查项目不一致，致使学生不重视学习过程，挫伤了学生的学习积极性和主动性。

2. 解决方法

（1）给学生一个较大的选择空间。不论学生在每学期选择什么专项，除了进行专项内容的考试外，还应对几个规定的项目进行考试，使他们自觉地去练习要考试的项目。促使学生养成自觉锻炼的好习惯，为学生终身体育意识培养打下良好的基础。

（2）给体育教师一个较大的评价空间。每个学生在体育基础、体质状况等方面都存在差异，体育教师在上课时要摸清每个学生的情况，对学生评价要因人而异，根据他们上课态度、进步情况、成绩差异等进行综合评价。从另一个角度说，体育教师得到了一个宽松的上课环境，可以对那些少数认为自己体育成绩可以轻松过关而又不好好上课的学生，给予适当的减分，而对那些体育基础虽然较差，但认真上课的学生，可以给予适当加分，这样对学生的评价就更加合理和公平。

（3）给学生自我客观评价的机会。我国现行的评价标准都是由教师完成的，体育学科应该尝试增加学生自我评价的内容，让学生自己做一个较全面的回顾，然后对自己的体育学习进行小结，这样对学生今后的体育学习态度和学习热情都十分有利。当然，学生自我评价前，教师首先要给学生强调自我评价的客观性，如果发现学生自我评价有较大的水分，体育教师要及时帮助学生端正态度，保证体育自我评价客观性。

（4）引导学生互评。教师对学生的了解，不如学生之间的了解。学生互评方式可使评价的真实性更高，学生互评能够避免学生自我评价含有较大水分。因此，将学生互评与学生自我评价、教师评价结合起来，对学生的学习评价会更客观、更全面、更立体。

（5）引入相对评价。教育部于2002年颁布的《全国普通高等学校体育课程教学指导纲要》规定，要把"学生的进步幅度纳入评价内容"。比如学生在开学时的体育成绩较差，经过一段时间的努力后，成绩有了很大的进步，但仍未达到现行的体育评价标准中的合格标准，这时体育教师就可以根据相对评价原则对这部分学生进行正确的评价。

（6）将评价的标准区间值增大。我国现行的体育教学评价标准把分值划分得很细，这样容易使学生只注重体育评价的结果，而不注重体育锻炼的过程本身，使学生产生急功近利的思想。在国外一些著名高校的教育体系中，所有的学科成绩评价均划分为A、B、C、D、E五个档次。笔者认为，可以将这种方法借鉴到我国的体育教学评价中来，把国外的这个标准换算成我国的百分制，20分一个等级，制定评价标准时可以实行这样的分级制度，把学生引导到注重体育锻炼的过程中来。

第三节 体育教学现状的分析和创新设想

一、体育教学现状的分析

（一）忽视体育科学传授

当前高校的体育理论教材不仅比重偏小，而且内容粗糙，缺乏实效性、针对性和长远性，实用价值不高，未形成适应现代发展的大学生体育理论知识体系及相应的教育检查和评定系统。学生对自己的体育技术技能知其然而不知其所以然，不清楚自己是否需要这些练习，难以在课后进行自觉锻炼。

（二）体育教学目标狭窄

高校体育与社会体育断层，缺乏连续性和统一性。两者之间尚未形成教育通道，过分注重学生的现实锻炼，盲目追求体育教育的近期达标效益，片面地将增强学生体质的教育目标归结为增强在校期间学生的体质，缺乏培养学生从事体育活动的兴趣爱好、终身参加体育锻炼的习惯和独立进行身体锻炼的能力。

（三）教材杂乱而不精

教材的选择过多地从运动技术角度考虑，强调传授以运动技能为中心的教学，偏重运动外在表现形式，大多活动项目缺乏终身受益内容，远远不能适应大学生成年后的运动要求。由于缺乏足够的终生健身运动项目，不少大学生毕业后体育生活也随即停止。一个大学生接受了十几年的体育教育，在他走上工作岗位后，竟与体育分别，这与体育教学忽视培养学生健身意识、能力和习惯有直接关系。

在体育教学中盲目地把运动技术传授抬到至高无上的地位，忽视了学生身心发展的特点和个体差异，把许多难度高、技术复杂的竞技运动项目原封不动地搬到体育教学中来，并统一教学要求与考核标准，而采用的教学方法与教学步骤又是专业院校专项教学方法的浓缩，最终只会令学生望而生畏，难以掌握技术，产生厌学情绪。

二、创新体育教学现状的设想

（一）树立全新教学观念

明确体育教学在当前形式下的主要职责，坚定地树立起崭新的体育教学观念。
体育教学是培养新世纪人才必不可少的环节，高校育人的目标不应只是向学生传授科学文化知识，更需要注重学生的德、智、体综合素质的培养。

着眼于未来新时代的新要求，以终身体育锻炼理念取代传统的课堂体育教学观念，着重培养学生的终身健身理念。

（二）加强基础理论知识学习

高校学生应不断提高认识与学识修养，形成不断发展的能力以适应新变化，发掘从缺憾向完美阶段前进的潜能。高校在设置体育课程的具体内容时，应增加运动原理、强健体质以及人体、物理力学等理论知识，要具有突出性、实效性、指导性、针对性与时代性，要使学生能够终身受益。

（三）加强硬件设置建设与师资力量投入

体育场馆、运动器械与师资队伍是培养高素质学生的必备条件，改善场馆设施是提高高校体育工作水平的当务之急。制约高校人才培养和高校体育改革的又一重要因素是学校师资队伍的质量。由于当前知识更新速度快，交叉学科和边缘学科发展迅速，所以只有能适应高速发展的高素质教师才能培养出高素质的学生。因此，应该加强教师之间的学术交流活动，定期派遣教师到先进学校学习，以提高教师教学的水平与能力，并鼓励体育教师积极参与相关的科研活动。

（四）将"终身化"作为体育教学的宗旨

社会的发展需要终身化体育，这也是人们工作、生活的基础性需要。从体育教学的实际情况以及全民身体素质的实际情况出发，增加体育课时，延长体育教学年限势在必行。在大学体育教育阶段进行全程体育课程教学，并贯穿四年大学教育的全过程，以增强学生主动健身的意识，使学生认识到终身健身锻炼的重要性，从而保证学生在毕业后依然能够熟练运用两种以上的锻炼方法和手段，真正实现体育锻炼终身化。

第四节 体育教学环境的设计与实施

一、体育教学环境的构成因素

（一）体育教学环境的物质环境

高校体育物质环境是指体育场馆、体育器材等基础设施设备。良好的物质环境是保证体育教学和体育活动开展的重要物质条件，是实现体育教学目标、提高学生健康水平的重要物质支持。高校漂亮、宏伟、造型各异的体育场馆，是维持学生体育兴趣，保持参与锻炼的动力之一。

（二）体育教学环境的制度环境

制度作为约束和强化实践活动的组织内容，高校的体育制度是保证学生锻炼时间、提升体育开展约束力的重要内容。当前高校的体育制度主要指学校体育工作条例等，各个学校制定适合学校体育活动开展的制度，是保证体育教学开展的重要依据。灵活、严谨的制度环境是提升高校体育环境建设质量的重要保证。

（三）体育教学环境的舆论环境

良好的体育舆论导向能够有效地发挥体育先进人物、先进事迹的激励作用，提高大学生从事体育锻炼的积极性。在更高的层次上提高大学生对体育的认识。促进大学生体育习惯的养成，增加大学生参与体育锻炼的动力等。体育舆论环境是实现大学生从被动接受体育向主动参与锻炼转变的有利条件。

（四）体育教学环境的心理环境

体育教学的心理环境是体育教学中无形的、动态的软环境部分，主要包括班风与校风、学校体育的传统与风气、体育课堂常规、体育教学中的人际关系等。体育教学中的人际关系主要是体育教师与学生的关系以及学生与学生的关系。

二、体育教学环境的设计

体育教学环境对体育教学活动至关重要，体育教学环境在体育教学活动中处于至关重要的地位。良性的体育教学环境对体育教学活动发挥着积极的作用，这种积极的影响作用于体育教学目标的达成、教学内容的丰富、教学原则的落实和教学评价的完善等诸多方面。

（一）体育教学环境的现状

体育教学环境的现状并不理想。一方面原因是领导不重视，另一方面原因来自部分高校自身物质环境的劣势。许多学校没有体育馆、游泳馆，部分学校体育设施不健全，还有部分学校没有良好的体育传统，学校不重视体育场地的建设和维护。很多高校师生和学生之间的人际关系紧张，一半以上的学生觉得本校体育场地的布局不合理。在有体育馆的学校，对体育馆的建设和维护上也存在诸多弊端。总之，目前高校的体育教学环境远远达不到学生和社会的要求和期望，体育教学环境急需改进和优化。

（二）体育教学环境设计的原则

1. 教育性原则

高校是一个特殊的环境体，它的作用在于净化身心、启迪心灵。因此对体育教学环境的设计和优化要注意教育性原则，要有利于激发学生的体育思维，有利于提高学生的体育动机，有利于陶冶学生的体育情操。

2. 科学性原则

将体育教学环境的设计与优化从体育教学目标、体育教学内容的实际和特点出发，尽可能满足体育教学活动的各种需要；体育教学环境的设计与优化要符合教育美学、生态美学、建筑美学等基本要求。

3. 系统性原则

高校体育环境构建是促进教育优质化实施的措施之一，是高校体育部门的任务，也是高校多个部门相互支持的结果。从系统观的角度出发构建体育环境，第一要提升环境的系统意识，以发展高等教育为目标，做好高校体育环境建设的资源开发和共享；第二要提升高校体育制度的有效性和适用性；第三要加强高校体育舆论宣传，促进学生参与体育锻炼的积极性，更好地带动高校体育环境氛围的建设。

4. 区别对待原则

体育教学环境的设计与优化要考虑不同年龄、不同性别、不同身体素质的学生身心发展的基本规律，要照顾大多数学生的需要。要特别关注特殊群体的需求和个性发展需要。

5. 人文性原则

所谓人文性原则是体育教学环境的设计与优化要始终以学生为本。各种体育教学物质环境的设置不仅要体现对学生的人文关怀，还要考虑到学生的生命安全，旨在营造出和谐的、人性化的、民主平等的氛围。

6. 实用性原则

所谓实用性是对体育教学环境的改进与优化，要根据各个高校的实际情况和经济条件，秉持经济、高效、实用的宗旨。注重体育教学物质环境的因地制宜以及体育教学心理环境的独具特色，形成各个高校的特色。

三、体育教学环境的实施要素

（一）以学生发展为主，提升环境对兴趣的激发效果

首先，要充分利用高校体育课程，拓展高校体育环境的使用和改进空间，充分保证

体育环境的建设进程。通过认真组织和实施体育课，保证学生掌握体育技能的有效性，不断提升学生的体育意识和体育观念。充分借助高校的文化优势，加强对新兴运动项目、新生体育明星的宣传，更好地激发大学生参与运动的激情，保证体育环境创新特点的延续。其次，要不断增强体育学习内容的新颖性和适用性，促进学生体育技能、体育意识的发展，构建体育教学的环境氛围。

（二）加强高校体育制度环境的创设，提升体育教学的规范化

在高校体育环境创建的过程中，要在遵守学校体育工作条例的基础上，制定适合高校体育环境形成的考核办法，加强对大学生运动会、课外社团、竞技比赛等管理制度的制定，从场地场馆使用制度到运动员选拔制度，都保证良性的运作过程，提升制度环境创建的有效性。

（三）创建适合高校学生身心发展的体育环境

高校学生在接受体育教育的过程中，如果一味照搬一些所谓的"优秀课程"，结果很有可能使学生对体育课的态度也只是敷衍了事。只有选择合适的体育教学内容，才能使学生真正爱上体育课。

（四）充分利用高校的体育教学物质环境

充分利用学校已有的各种有利的环境条件，创设具有特色的学校体育教学环境。各个高校要在体育教学环境的设计与优化中，充分挖掘、精心设计、开创和突出自身的体育教学特色，合理地将不利的体育教学环境转化为有利的体育教学环境。

（五）加强体育课堂教学管理，营造宽松、和谐、民主的体育课堂氛围

从基本的规范强化课堂的教学管理，同时发挥骨干作用，帮助学生进行自我管理，提高学生在体育教学活动中的自我约束能力。培养学生主动参与体育学习的意识和习惯，让学生主动参与到体育教学活动中，注重课堂教学活动中的人际情感交流，形成教师与学生互相激励、互相鼓舞的良好情感氛围。

第五节 体育教学模式发展趋势研究

学校体育是国民体育的战略重点，这是我国体育理论界早已达成的共识。高校体育是学校体育的最后一环，与社会体育紧密相连，教育效果与整体发展水平对我国正在实施的全民健身计划有着举足轻重的作用，因而应站在历史的高度，以战略的眼光来认识高校体育教育改革的重要性和迫切性。教育改革应以教学改革为核心，而教学改革的核心则是课

程设置和教学内容的选择。

教学模式是按照一定原理设计的一种具有相应结构和功能的教学活动组合或策略，它既是教育系统和教学过程的具体化和实践化，也是教学形式和教学方法的综合载体。

一、构建体育教学新模式的对策分析

（一）构建普通体育教学新模式的分析

构建一个完整的体育教学模式涉及教学思想、教学目标、教学结构和教学方法等诸多方面。因此改革体育教学模式，实质上就是对体育教学过程进行重新整合，结构是否合理主要看教学的组织形式和方法是否能适应学生的需要，是否能最大限度地实现教学目标。目前普通体育教学模式存在着以下问题：一方面，众多体育教学思想一齐涌入体育课堂；另一方面，高校体育为体现有别于传统的教学思想，在教学中尽可能多地接纳，造成体育教学主题分散、华而不实、负担过重。目前高校广为采用的以班级分组的形式，虽然整齐划一，秩序井然，便于教学管理，却不能对大学生的个体差异、兴趣爱好、掌握技术的能力等进行卓有成效的教育与培养，不利于教学目标的实现。

（二）构建体育教学新模式的对策

第一，明确体育教学应遵循和坚持的指导思想。

第二，依据指导思想，改革体育教学内容与教材。

第三，改革体育教学班的组成方式，让学生在不同的学段选择参加不同项目组合的教学班。

第四，改进教学方法，着重研究如何根据多样化的课程内容和针对不同的教学对象采取有效的教学方法。

二、适应素质教育要求，构建新的体育教学模式

从以上几种模式可以看出，教学模式越来越重视能力发展，重视学生的主导地位，强调各种教学模式互相借鉴、共同发展。旨在充分发挥教学模式的作用，优化教学结构，树立正确的体育教学观念。

（一）树立全面育人的体育教学观念

体育教学应当从培养跨世纪的德、智、体全面发展的高素质人才出发，给予大学生全方位的教育，即体育教育、健康教育、竞技教育、生活教育和娱乐教育等。

（二）树立主动体育的体育教学观念

在体育教学中，既要充分发挥教师的主导作用，又要注意发挥学生的主体作用，努力调动学生学习体育、锻炼身体的主动性和积极性，激发学生对体育的兴趣，让学生主动地、自觉地体验体育学习的乐趣，以促进学生的身心健康发展，培养学生终身从事体育锻炼的意识。

（三）树立三维综合评价的体育教学观念

在评价体育教学效果时，不能仅仅以提高生理机能为标准，一味追求生物学改造的效果，而应该从生物、心理和社会三个维度来综合评价体育教学的效果。三维体育的教学观，反映了体育教学是一个多功能、多目标的动态系统，能够通过大量的体育教学实践取得效果。

三、新的体育教学模式的设计

（一）第一学年：基础课

基础课以全面锻炼和提高身体素质为主，通过体育基本知识的传授和基本技能的培养来实现高校体育的目标。可根据场地器材等具体条件，充分发挥教师的主导作用并调动教师的能动性，使学生身体素质和身体技能得到全面发展，为参加第二学年的选项课打下基础。考核时，以全面的素质指标和技能指标为主。

（二）第二学年：选项课

根据学校场地、器材和师资等情况，按项目开设若干个选修班，由学生根据自己的特长和兴趣，选择项目和教师。在具体的实施过程中，每个项目根据学生掌握技术的情况可分为初、中、高级班。体育特长生可根据项目编入高级班。考核时，以技能指标为主，结合一定比例的素质指标。

（三）第三、四学年：俱乐部协会制

俱乐部教学模式能使高校体育与社会体育更好地接轨，在树立学生终身体育思想和培养终身体育习惯方面的作用是其他教学模式难以替代的。学校可集中开设一些项目，以学生自我锻炼为主，开展有偿性教学。这不仅有利于增强大学生的体育意识，培养其经常锻炼身体的习惯，也有利于把大学生的体育教学过程延伸至高等教育的全过程，保持体育教学与课外活动的统一性和连贯性。

四、新的体育教学模式构建的依据

（一）新时期对传统体育教学模式变革的需要

新的《全国普通高等学校体育课程教学指导纲要》要求"把健康第一的指导思想作为确定教学内容的基本出发点，重视教学内容的体育文化含量"。面对新时期社会、经济、文化的快速发展，学生在学校所学的知识很可能在离校不久便过时了。因此，体育教学应该使学生了解终身学习的重要性，培养学生终身学习的习惯和技能，使其走向社会后，依然能够成为终身学习的实践者。

（二）新时期对体育教学改革的要求

体育教学改革必须做到体育的终身化、体育的民主化、体育的多样化和体育的个性化。体育的终身化就是打破学校体育的原有空间和时间的限制，把体育扩展到社会和人生的每个阶段。体育的民主化就是打破不平等、不民主，改变以教师为中心，学生被动服从的教学关系。体育的多样化就是在体育教学中采取多种教学方法，提倡师生之间、学生与学生之间的多边互动活动，努力提高学生参与的积极性，最大限度地发挥学生的创造性。体育的个性化就是在体育教学中每个学生所显示的各种不同的运动本能、素质、价值取向、集体荣誉等。

（三）新时期为高校体育改革提供了条件

高校体育自改革开放以来取得了令人瞩目的成就，集中体现为四大优势：一是人才优势；二是信息优势；三是物资优势；四是地位优势。这四大优势说明，体育教学模式的改革具有坚实的基础。

（四）高校学生对体育教学模式的选择需要

在湖北经济学院、武汉大学、华中科技大学、武汉工程大学、湖北大学等院校750名高校学生就"你喜欢的体育教学模式"进行的问卷调查中显示，选择以全面发展身体素质为主的"基础课"37人，占4.9%；选择与社会接轨的"俱乐部"协会制的156人，占20.8%；选择以兴趣爱好为主、能够自由选择教师的"选项课"185人，占24.7%；选择一年级"基础课"，二年级"选项课"，三、四年级"俱乐部"协会制的372人，占49.6%。调查结果表明，第一学年"基础课"，第二学年"选项课"，第三、四学年"俱乐部"协会制是所有选项中最受高校学生喜爱的教学模式。

五、体育教学模式的发展趋势研究

体育教学模式是体育教学活动赖以开展的必要条件，但体育教学模式并不是一成不变的，是由内容决定形式的，而绝不能由形式决定内容。

（一）体育教学模式的开放化

目前，全国各大高校体育课教学模式不尽相同，各校根据校情不同会采用不同的体育课教学模式，但大的改革方向还是一致的，都是朝开放式的、更符合当代大学生心理和生理特点的发展方向进行。开放式体育教学模式将是今后的发展趋势，特别是随着社会的发展和进步，电子产业和信息技术的迅猛发展并直接介入体育教学活动，使输送信息的手段更加灵活和开放，必将极速推动体育教学模式的开放式发展。

未来的高校体育将采用多种途径、多种方法、多种形式来满足学生的不同体育要求，向社会开放、向国际开放，体育课堂也将扩展到全社会，扩展到大自然。

（二）体育教学模式的多元化

随着学校教学由"应试教育"向素质教育转轨，高校体育应从学校的"阶段体育"向"终身体育"转变，从片面的生物学评价或运动技术评价向综合性评价转变。体育价值观从单一的健身向健身、健心、娱乐等多元价值观改变，单一的体育教学模式无法满足多元体育教学目标的需要，因此要从单一的教学模式向复合式的、具有现代性和科学性的教学模式转变，多种教学模式相互渗透、互相依存将是未来体育教学的发展趋势。

第六节　体育教学改革的研究

伴随着我国改革开放的不断深入，高校体育课程教学走过了30多年的风雨历程。站在科学发展观视角，回顾改革的历史，探讨改革的得失，分析目前的状况，寻求发展的策略，无论是对高校体育课程理论体系的建设，还是对推进教学改革实践的深化，都有积极的意义。

一、体育教学中普遍存在的问题

（一）教学目标理论与实践不完全一致

现行的高校体育课程教学目标涵盖了"运动参与、运动技能、身体健康、心理健康、社会适应"五个领域的内容。从理论上看，充分关注了学生的健康成长和人的全面发展，体现了"以人为本"的时代理念。但在实际操作中，由于教学内容、教学组织形式、学生个体水平不同，要通过有限的教学时间（144学时）完成五个领域的教学任务是极其困难的。加之近年来我国高等教育规模的急剧扩张，使大多数学校面临着教师资源不足、体育场地设施短缺等问题，要全面达成教学目标事实上几乎不可能。

（二）教学效果测量与评价不科学

教学效果测量方法与评价标准的改革步履维艰，至今仍未走出"生物体育"的桎梏。测量与评价课堂教学效果的通行方法是监控学生的心率变化，无论什么类型的体育课，也不管教学内容、教学任务是什么，无一例外都是通过"摸脉"获取学生心率的变化情况，由此推断其生理负荷，进而评价教学效果。至于教学目标中运动参与态度、知识技能掌握、心理品质培养等方面的指标，或是因为课时计划（教案）中原本就没有设计具体的达成路径与措施，或是因为根本就没有切实可行的办法进行操作而不得不将其束之高阁。

（三）理论研究缺少争鸣

在体育课程改革研究中，对上级主管部门的指示和意见，非高声赞颂即积极响应，罕见应有的学术质疑。对专家、学者提出的某种新观点或学说，紧随其后的通常是对它的注释和佐证，没有不同观点的争鸣与批判。这种近乎"跟着疯子扬土"式的学术风气，使得改革实践中涌现出来的一些极具发展前景的学术观点和实操范例，在无所节制的滥用和沸沸扬扬炒作中早早夭折。长期以来，缺乏争鸣与批判，已成为体育教学改革与研究领域久治不愈的"顽症"，严重地阻滞了学术发展，也是我国至今未能形成具有本土特色的、完整的体育教学理论体系的根本原因。

（四）教师管理导向错位

现行的高等学校教师工作绩效评价与职称晋升制度中，学术论文的数量成为衡量教师业务水平、决定其职称升迁的硬性指标。没有在学术期刊尤其是核心期刊上发表一定数量的论文，就无法在教师队伍中立足，至少是无法迈进精英队伍——高级教师的行列。面对关乎自身生存发展的选择，体育教师不得不放弃深入探求体育教学规律、不断提高教学水平的价值追求，而将大量精力用于揣摩学术刊物的"口味"，研究与本职工作毫无实际关系的"纯理论"问题。撰写论文成了教师的第一要务，发表论文成为从事研究工作的唯一目的，致使大量教学改革的实际工作沦于被动应付的局面。

二、体育教学改革的具体措施

根据教育部《大学体育教学基本要求》的精神，结合我国体育教学的现状，借鉴成功的国际体育教学经验，我国体育教学改革应从教学大纲、教学模式、课程设置、教学评估以及师资队伍建设五个方面入手。

（一）制定有本校特色的教学大纲

各高校应根据本校学生的特点，结合本校的办学特色和人才培养方向，参照全国统一的教学大纲的要求，制定本校的科学化、系统化、个性化的体育教学大纲及具体实施方案和细则，指导本校的体育教学工作。

（二）转变教学思想，改革教学模式

当前大学体育教学应由传统的"以教师为中心"向"以学生为中心"转变，强调师生互动，发挥学生的主体作用和教师的主导作用，充分调动学生的学习积极性，使学生实现由"要我学"到"我要学"，直至"我会学"的根本性转变。在新的教学模式影响下，教师的角色理应发生革命性的转变，由过去单纯的体育技术传授者转变为教学内容的设计者、教学活动的组织者、教学过程的监控者、教学结果的检验者以及学生能力的培养者。改革教学模式时，应实施分层与分流教学相结合，普修与专修教学相结合，课堂教学与课外体育锻炼相结合，大班理论课与小班技术课相结合，课堂教学与开放式自主教学相结合，传统教学与多媒体辅助教学相结合等多种方式。学生可在同年级、多种教材范围内自由选择。在考试方面，学校应进一步建立体育理论与实践试题库，以抽签形式确定考试内容，并对结果给予评价。在完成体育教学任务的同时，增加体育选修课程，为培养学生的终身体育意识打好基础。

（三）改革高校体育课程设置

从我国体育教学的实践不难发现，一方面，体育课的教学内容和学时不能满足学生兴趣和锻炼身体的需要，学生总是围绕达标、考试而进行学习锻炼，这在一定程度上抑制了学生的个性发展；另一方面，体育教学仍沿用传统的"运动训练法"和"普通教学法"，即通过教师的讲解示范、学生的模仿练习，达到达标和考试的目的。课程结构、教学内容与教学方法仍然停留在"大学名称、中学内容、小学组织"的模式中。由于长期以竞技体育知识为中心或过分强化知识、技能在体育教学内容中所占的比重，导致学生竞技知识与健身能力之间的失衡。显然，这种重竞技知识、轻健身能力，重共性、轻个性的课程设置模式与素质教育的理论相背离，不利于现代社会创新人才的培养。高校体育课程的设置，在内容上要充分考虑学生的兴趣及其运动习惯的养成。在高校课程安排上应相应地减少体育必修课的比例，增大选修课的比例；应该加强课外体育锻炼的组织与实施，建立以健身为主要内容的新体系。体育的课程内容需要增加大量的休闲运动，尤其是终身体育的内容要不断增大，使学生能够体会到运动的价值不仅在于提高运动技术水平,更重要的是要掌握健康运动的科学方法,为增进自身健康服务。增设学生喜爱的体育休闲项目,提高学生参加体育活动的兴趣,激发其锻炼的动力,充分发挥学生的积极性和创造性。

(四)改革体育教学评估体系

教学评估是教学工作的一个重要环节。全面、客观、科学、准确的教学评估体系对于实现课程目标至关重要。它既是教师获取教学反馈信息、改进教学方法、提高教学质量的重要依据,又是学生调整学习策略、改进学习方法、提高学习效率的重要手段,还是教学管理者调整和制订教学计划、合理安排课时分配的重要参考依据。而传统"一刀切"的考核与评价方法,对考查学生的全面发展程度和各项身体素质的提高都存在着很大的局限性。单一的成绩评定容易挫伤部分学生的学习积极性,不利于学生形成正确的现代体育意识和健身观。因此,对学生体育成绩的考评应从三个方面进行。一是注重学生学习过程的考查。学生学习和练习过程的质量在很大程度上决定了结果的质量。因此,那种只重视结果而不注重过程的做法是不妥的。二是要重视对个性发展的考评,以考促学。学生在身体条件、运动爱好和运动技能等方面的个体差异是客观存在的,应根据这些差异来确定目标和评价方法,并提出相应的教学建议,以确保绝大多数学生都能完成学习目标,使之成为促进学生学习的动力。三是要重视对身体素质达标情况和体育理论知识学习水平等内容的考评。可以加强体育教学评价与考核方法的研究,使之符合素质教育的要求;增强学生的体育意识,促进学生综合体育素质的提高和能力的培养。这种教学评估体系的转变将极大地调动学生学习体育的积极性,全面提高学生的身体素质和运动能力。

(五)提高体育教师队伍的整体素质

首先要从源头抓起,严把教师录用关。其次要加强对教师的培训,通过培训来提高教师的教学水平和教学技巧,使其学会激发学生的学习兴趣,鼓励学生全身心地投入到学习活动中去,适当地纠正学生学习过程中出现的错误等。通过培训使其掌握必要的教学理论和教学技能,使教师从单一的"技术型"向"复合素质型"转变,推动素质教育的成功进行。

三、体育教学改革的回顾

(一)教学指导思想与教学目标的探索阶段

1979年,教育部、国家体委、卫生部、共青团中央联合召开了的中华人民共和国成立以来规模最大的一次全国体育卫生工作经验交流会，颁布了《高等学校体育工作暂行规定》。在"调整、改革、整顿、提高"方针的指引下，高校体育课程改革全面启动。1990年2月，国务院批准发布实施的《学校体育工作条例》规定，"普通高等学校的一、二年级必须开设体育课。普通高等学校对三年级以上学生开设体育选修课"。同年10月，国家教委颁发了《大学生体育合格标准》和《大学生体育合格标准实施办法》。1991年，国家教委开展了对全国高校体育课程的评估。1992年，国家教委颁布了《全国普通高等学校体育课程教学指导纲要》，将体育课的教学目标确定为"通过科学的体育教学过程和体育锻炼过程，使学生增强体育意识，具有体育能力，养成体育锻炼的习惯，受到良好的思想教育，成为体魄强健的社会主义事业的建设者和接班人"。

（二）教学内容与教学模式的改革阶段

1995年6月28日，国务院颁布了《全民健身计划纲要》。同年8月29日，第八届全国人民代表大会常务委员会第十五次会议通过的《中华人民共和国体育法》第十七条规定："教育行政部门和学校应当将体育作为学校教育的组成部分，培养德、智、体全面发展的人才。"随即，国家体委又推出了《全民健身121工程》，要求学校"保证学生每天参加1次健身活动；每年组织学生开展2次远足野营活动；学生每年进行1次身体检查"。伴随着"121工程"的推进，各种健身、娱乐体育内容走进学校体育课堂。1999年6月，中共中央、国务院颁发了《关于深化教育改革全面推进素质教育的决定》，要求"学校教育要树立健康第一的指导思想"。同年10月，教育部在江苏无锡召开了全国学校体育卫生工作经验交流会，要求认真落实"学校教育要树立健康第一的指导思想，切实加强体育工作"。随后出现的"俱乐部模式""运动处方模式""三自主模式"，开启了教学模式多样化发展的格局。

（三）教学理念与课程目标的创建阶段

2001年6月，国务院颁发的《国务院关于基础教育改革与发展的决定》提出了"加快构建符合素质教育要求的基础教育课程体系"的任务。2001年秋季开始，基础教育《体育与健康课程标准》在全国38个国家级实验区试行，2002年秋季，实验范围进一步扩大到全国近500个县（区）。2002年8月，教育部颁布了《全国普通高等学校体育课程教学指导纲要》（以下简称《纲要》）。新《纲要》秉持以人为本、全面发展的教育理念，规定了由运动参与、运动技能、身体健康、心理健康、社会适应构成的课程目标。2006年12月，教育部、国家体育总局在北京召开了全国学校体育工作会议，颁发了《关于进一步加强学校体育工作，切实提高学生健康素质的意见》。同期，教育部、国家体育总局、共青团中央联合下发了《关于开展全国"亿万学生阳光体育运动"的通知》，指出要力争用3~5年的时间，使85%以上的学校能全面实施《学生体质健康标准》、85%以上的学生能做到每天锻炼1小时，达到《学生体质健康标准》及格等级以上，掌握至少两项日常锻炼的体育技能，形成良好的体育锻炼习惯，使体质健康水平切实得到提高。

四、体育教学改革的现状和趋势研究

为了适应社会对人才的需求，30多年来，全国各高校在探讨体育教学目标、体育教学思想的基础上对体育课程设置、教材内容、教学方法、体育教学的组织形式、教学模式、教学评价等方面进行了全面的探索和改革。

（一）体育教学目标呈现多元化

体育教学目标的主要观点包括以下几种：①以改善健康状况，增强体质为主要目标；②以学习和掌握体育知识技能为主要目标；③以竞技教育，提高运动水平，为国家培养优秀运动员为主要目标；④以培养学生体育能力为主要目标；⑤以满足学生娱乐心理，享受体育乐趣为主要目标；⑥以奠定学生终身体育观念为主要目标；⑦以提高学生的心理素质和体育文化素养为主要目标；⑧以体育锻炼为手段，对学生进行思想品德教育，培养优良品德为主要目标；⑨以身体练习为手段，促进学生身心发展为目标展开的；⑩以学生掌握锻炼身体的方法为主要目标。体育教学的诸多目标都是围绕着育人的总目标展开的，在体育教学过程中，根据教学任务、教学内容、学生的实际和教学条件所提出的具体目标或者是阶段性的目标。要实现育人的总目标，教育者必须科学地选择教学内容，根据现有的教学条件，分阶段、分层次、合理地选用教学方法进行教学。

（二）体育教学指导思想多样化

30多年来，我国体育教学思想呈现多样化和综合化，主要观点包括以下几种：①全面教育的指导思想；②以体育教育为主的指导思想；③以培养学生运动能力为主的指导思想；④以快乐体育、娱乐体育为主的指导思想；⑤以终身体育为主的指导思想；⑥以竞技体育为主的指导思想；⑦以增强体质为主的指导思想；⑧以技能教学为主的指导思想；⑨以发展学生个性为主的指导思想。诸多研究表明，体育教学思想随着社会发展，有越来越"泛化"的趋势，各种体育教学思想之间有着逻辑上的紧密联系，它是围绕着两条相对稳定的主线（体质与运动能力），着眼于身心全面发展展开的。

（三）课程设置和体育教学内容的选择成为体育教学改革的核心

体育教学改革必须以改革课程设置和科学合理地选择教学内容为切入点。体育教学内容和课程设置的改革要以高等教育体育教学目标、现代体育发展的需要、学生的兴趣和爱好、场地设施为主要依据，确立以增强体质、促进身心全面发展为主的指导思想。20世纪80年代初，随着我国改革开放，许多高校在大学二年级相继开设了专项课的设置，1992年原国家教委颁发《全国高等学校体育教学指导纲要》，正式对普通高等学校体育课程设置做出了规定，即基础体育课、选项体育课、选修体育课、保健体育课四种类型。体育教学也从单一型发展到多种课型并举，较好地克服了传统单一课型忽视受教育者的个性心理特征及主体作用的弊端。目前，体育教学内容和课程设置的模式为一年级以必修课为主，安排了提高身体素质、配以各类基本技术的教材体系，以弥补中学体育教学的不足，完成中学至大学的合理衔接和过渡；二年级开设专项课，学生可自主选择课程、教师。开设选项课，以满足学生兴趣、爱好和选择的需求；三、四年级开设选修课，以休闲课和娱乐课为主，增加专业性内容，采用"俱乐部"制。例如地质院校增加登山运动、负重行军等内容；商业院校增加保龄球、台球等内容；形式多样、内容丰富的教材，不仅有健身、娱乐之功效，而且能够使学生适应毕业后的生活与工作。适当地增设体育理论知识课程，让学生明确学习的目的，端正学习态度；了解人体发展和运动生理、卫生知识；掌握各项运动的知识和锻炼身体的方法。但在改革中也存在着一些共性问题。例如教学目标宽泛、模糊，教材的选编、课程的设置存在着较大的随意性；在教学内容的安排上，运动项目是解决手段，对方法的重视度不够；运动的内容不够全面，重运动、轻养护。

（四）体育教学方法的改革正逐步向"启发学生主动学习"的方向发展

体育教学效果很大程度上取决于教学方法应用得科学与否。目前，体育教学方法的改革十分活跃，如主体教学、发展式教学、自学式教学、启发式教学、快乐式教学等，从整体改革的思路来看，大都能体现"启发学生主动学习"的思想，这表明"以教师为中心"的传统观念正在转变。但在改革中，许多研究者没有清楚地认识到教学方法双重性的特点，即功能性和局限性。因为教学过程是一个结构复杂、多阶段、多因素的动态过程，教学有法、教无定法、贵在得法。教学必须针对学生的实际，既有利于发挥教师的主导作用，又必须尊重学生的主体意识，全面地考虑教学方法运用的针对性、实效性、全面性。

（五）体育教学组织形式呈现多维性

体育教学的组织工作是否严密、合理，直接影响着教学效果的好坏。有关研究表明，目前，大多数高校采用的是分组不轮换的教学组织形式，分组是根据"三向"交往的理论来进行的（教师与学生之间；学生与学生之间；教师与学生、学生与学生之间的交往）。根据这一理论，目前主要有以下几种教学组织形式：一是散点式；二是"小群体"

式;三是自然分组式;四是按运动能力分组(搭配式、分级式);五是俱乐部组织形式。总的来讲,体育教学的组织是多维的。上面叙述的是目前研究比较多的组织形式,各种组织形式都有其各自的特点,它们的共性在于能发挥学生的自主性、积极性,有利于发展学生的个性和创造性。但教学的组织形式受教学条件的制约,还有待于在更大范围内做更缜密的研究。

(六)体育教学模式具有针对性

体育教学模式的研究是当前体育教学论和体育教学改革的重要课题之一。近几年,对体育教学模式的研究日趋活跃,这表明体育教学改革已开始进入综合研究阶段。目前,中国体育科学学会学校体育专业委员会提出了主体教学模式、成功教学模式、合作竞争教学模式。上面多种教学模式不是孤立存在的,各种不同类型的体育课,因其特性和要完成的任务不同,需要综合多种教学模式去适应。由此看来,教学模式既可以组合,也允许创造,但设计任何教学模式都必须以科学的理论为先导,通过实验对比才能对它的合理性、可行性和可操作性进行评价。

(七)教学评价的双向性

教学评价是获得反馈信息的重要手段。目前,高校体育教师比较重视对教学评价的研究,尤其重视师生的双向评价。通过教师评价学生的学习情况,使每个学生都能够从教学评价中得到新的目标和新的动机,通过学生评价教师的教学,促进教师科学安排和控制教学程序。但教学评价的研究多停留在理论研究上,付诸实施的较少。

综上所述,当前体育教学改革表现出以下特征:①教学目标开始朝着"多目标""多功能"的方向转移,既追求近期效益,又追求远景目标;②教学思想从"生物体育观"逐渐向由生物、心理、社会三个方面因素构成的"三维体育观"转变,从而丰富了它在健身、娱乐、竞技、文化、社会等方面的功能;③课程设置和教材建设已成为体育教学发展的核心动力。近年来,因为围绕课程设置、课程类型、课程内容、教学定位、教学大纲、教学模式和教学体系等内容进行了改革,课内外一体化初见成效;④教学方法的改革显得格外活跃,从规律性的思路看,大都能体现"启发学生主动学习"的思想,表明"以教师为中心"的传统体育教学正在逐步转变;⑤体育教学组织形式的改革是根据"三向"交往方式,由浅表向深层次发展;⑥体育教学模式的研究已通过许多具有内涵丰富结构的研究模式表现出来,但目前这种教学改革实践滞后的现象却比较普遍。⑦教学评价的研究要从身心两方面效果考虑,采用定性和定量相结合的评价方法,在一定程度上适应现实的需要。

第三章 高校体育教学技术研究

第一节 网络教育技术与高校体育教学

　　网络教育技术的普及，给传统的高校体育教学构建了全新的发展空间。把网络教育技术运用到高校体育教学，不但提升了高校体育课堂的教学效果，还能够调动学生的学习积极性，保障体育教学目标顺利完成。本节对于在体育教学中应用网络教育技术的意义进行了简要论述，并从体育教学、高校体育教务管理、学生体育成绩评价工作这几个方面探索网络教育技术在体育教学中的实践应用途径，旨在提高我国高校体育教学的水平。

　　网络教育技术（Network Education Technology），是以计算机技术和互联网技术作为基础，把现代化教育理念与信息技术相融合的一种高效教学模式。通过网络教育技术，学习者可以不受环境影响进行学习活动，提高学习成效，满足个人个性化的学习需要。把网络教育技术和高校体育教学模式相融合，既可以扩大高校体育教学的范围，还能够为实现体育教育的终身化目标提供助力。

一、网络教育技术在体育教学中应用的意义

（一）网络教育技术的运用能够提升高校体育教学质量

　　随着网络教育技术的普及与推广，国内各大高校也对自身的体育教学模式进行了调整和改革。实际调查的结果显示，把网络教育技术与高校体育教学相融合，不但可以让高校体育教学的内容变得更加多元化，提升高校的体育教学质量，而且可以让高校体育教学实践变得更加系统化、结构化，对于调动学生的体育学习积极性也起到了一定的促进作用。以国内的高校为例，许多高校利用网络教育技术进行选课、远程教学、成绩录入等工作；还有一些高校利用网络技术来进行辅助性教学，和传统的高校体育教学形成互补；部分高校为了调动学生参与体育锻炼的积极性，利用网络教育技术远程指导学生如何进行恶劣环境下的生存训练等。对于广大高校学生而言，在相同的教学资源和师资

水平基础上，通过网络教育技术可以帮助学生在有限的课时内快速掌握体育理论知识，对于强化学生的体育课程的学习效果极为有利。

（二）网络教育技术的运用保障体育教学目标快速完成

高校开设体育教学的目的，除了帮助大学生确立终身体育锻炼意识之外，最为重要的就是为国家与社会培养全面型的人才。从当前国内高校的体育教学发展情况可以看出，高校在新时期的体育教学活动中普遍运用了网络教育技术，重视互联网中各种体育教学资源的整合，并且利用网络教育技术的即时性和直观性特点，帮助学生巩固已经掌握的体育理论和健康运动知识，为大学生今后的学习和成长打下坚实的基础。高校体育教学中加入网络教育技术，可以把体育教学实践的宝贵经验以及大量的体育知识开放共享，既可以培养学生体育学习兴趣，还能够增强学生的自主学习意识，学生也可以利用课余时间学习体育知识，这对于教学目标的实现和高效体育课堂的构建起到了重要的促进作用。

（三）通过网络教育技术能够为人才全面发展提供保障

相比传统的高校体育教学，在网络教育技术的支持下，新时期高校的体育教学活动的学生参与情况和实际教学情况明显优于传统的教学模式。网络教育技术的运用能够让原本固态的、单一的灌输式教学模式变得更加灵活化、自由化；把网络教育技术作为辅助性的体育教学手段与高校体育课堂相互配合，能让学生掌握体育课堂的主动权。学生长时间处在这样的课堂环境中进行体育学习，能够培养并强化自主意识和独立思考的能力，在为学生构建良好教学环境的同时，帮助学生在潜移默化中提高自身的体育锻炼自觉性，把脑海中的体育理论知识进行内化，对于提升高校学生的身体素质、实现人才全面发展的目标具有重要的意义。

二、网络教育技术在高校体育教学中的运用方略

（一）在体育网络教学环节的运用

由于网络教学模式在教学实践过程中容易受到场地以及高校硬件环境的影响，因此通常被运用到体育辅助教学环节。从国内高校的体育教学现状可以了解到，传统体育教学仍然占据主要地位，网络教育只能以异步教学的方法延续，对传统体育教学中的不足之处进行补充和完善。就以国内的知名高校××大学为例，××大学通过网络教育技术对所有体育教学活动实行数据化智能管控，针对不同专业学生的特点和需要设计出科学、合理的课程结构。学生可以利用自己的学号进入高校体育教学平台，与体育教师即

时互动，也可以在网站内查找自己所需要的体育教学资源。除此之外，高校在学生的体育课程管理工作上，也能够利用网络技术对学生的上课情况进行即时跟踪。学生在上体育课之前可以利用随身携带的智能移动端或者PC设备，登录校园网中的网络体育课程系统"刷脸"签到。计算机系统会自动按照周或月的方式，把每一个学生体育课的上课情况以文档的形式反馈给体育教师，为后续评价学生体育成绩提供重要的数据参考。

（二）在高校体育教务管理工作中的运用

把网络教育技术运用到高校体育教务管理工作中，在提升高校体育教务管理工作效率的同时，还能够优化体育教务结构，确保避免发生人为原因造成的问题或者失误。与传统的高校体育教务管理模式相比，在网络技术支持下的管理模式更加简洁且更有效率，无论是在课程的选择、教学监管、学生体育成绩评价等方面都发挥了重要的作用。当前国内有一些有实力的高校在落实高校体育教育管理工作时，通过自主设计的体育管理系统来对全体高校学生的个人资料、教师职业水平、应往届学生的体育成绩等资料进行数字化管理。网络技术的运用还可以有效地避免人为原因引起的失误，通过计算机可以把学生的信息数据即时备份存储，即使数据出现异常或者系统崩溃，也能够把这些重要的数据信息进行迅速还原，学生的个人隐私也能更容易得到保障。在体育教务管理工作方面，高校各个专业的学生都能够在校园网内查到本专业的体育课程设置情况以及每节体育课的内容，相关负责人也可以通过登录网络平台对体育课程、体育成绩、学生选课情况等内容进行管理，不但提高了高校体育管理工作的效率，还能够为学生的学习提供帮助，可谓一举多得。

（三）在高校学生体育成绩评价工作中的运用

传统的高校学生体育成绩评价工作是通过人力的方式对每一个参加体育考试学生的成绩进行检测，并记录在学生的成绩单中，不仅需要的时间长而且效率差，学生获得的实际成绩和教师所测得的成绩往往会存在一定的误差。利用网络技术就可以构建出一个科学、准确的体育成绩评价系统，教师只需要用设备录入每一个学生的每节体育课的成绩，数据信息就会由校内网络自动上传到校方的数据库中保存。值得注意的是，体育成绩评价系统只有体育教师本人才可以登录，而且体育教师没有权限对学生的体育成绩进行修改，如果要修改或者纠错只有经过网络管理人员与学生同意之后才可以。在数据信息的安全方面，高校学生的体育成绩评价系统是独立的，如果没有教师的人脸识别与正确密码是无法登录查看的。学生的体育成绩录入并上传到系统之后，就会在每个学期的期中和期末生成Excel表格，发送到教师的校园邮箱内为学生的体育成绩评定做好准备。与高校传统的人力操作模式相比，网络技术的运用既提高了体育教师的工作效率，还能够让教师对学生的评价变得更加权威和准确。

综上所述，把网络教育技术与传统的高校体育教学模式相结合，对于实现我国高校的体育教育可持续发展战略目标有重要的意义。

第二节　信息技术与高校体育教学

现代信息技术在教育教学改革中的应用助力了高等教育的发展。现代信息技术以计算机技术和网络资源等为支撑，使高等教育课程设置以及教学方法改革可以顺利进行，就体育教学改革来说，这些改变有效激发了学生参与体育运动的兴趣，提高了教学质量，丰富了教学内容，确保了高校课程建设和教学改革的顺利进行。

近年来，我国高校大学生的身体健康水平呈现下降趋势，全社会正逐渐意识到提升大学生身体健康水平的重要性，因此体育课程建设成为提高大学生及健康水平的关键。传统的高校体育教学在教学方式以及课程设置上有不科学的地方，存在的"重理论、轻实践"的普遍性问题，新时期的高校体育教学必然要突破这一局限性教学改革迫在眉睫，教学改革迫在眉睫。体育课程无论是在课程内容、课时安排以及教学工具应用和资源开发上均需要有效利用信息技术的优势，提高现代教育技术的教学应用价值，全面发挥体育教育的作用。

学校是学生学习文化知识的主要场所，体育则是现代教育的重要组成部分。应现代体育教学发展的要求，体育不仅要担负起强健学生体魄的任务，更需要以体育为载体，帮助学生树立良好的竞争意识，中培养学生团队合作的意识。所以，高校体育教师在进行体育教学活动的内容设计时，必须认清目前高校体育教学中存在的主要问题，结合实际问题对现有体育教学模式进行改革。

一、建立正确的视动表象，有效提高运动技能

体育教育活动需要学生充分调动脑力和体力，思考过程和肢体运动过程需要有机结合起来，学生在参与体育运动的过程中，技术动作学习多数经历了由简到繁的过程，比如在篮球教学中的技术动作训练上，首先是训练投、接、抛等基本动作；然后是分项动作的拼接练习，这部分多以小组训练形式为主。传统教学这时多以教师示范，学生模仿练为主，虽然观察记忆动作要领之后模仿有一定合理性和实际效果，但是一般技术动作很快完成，学生其实是无法实现分解记忆的，容易导致一些动作技术的细节没有得到

体现，学生的观察不够清晰和完整，这是造成传统体育教学效率低下的原因之一。将信息技术引入高校体育教学活动，可以通过媒体设备实现对动作的慢放和分解，一些关键动作还可以实现定位展示，学生对技术动作的各个要点能够掌握得更加细致，在对动作的动态表象全面掌握之后，学生的自主学习和模仿效果也将得到优化。体育教学离不开视动表象，信息技术给了学生清晰的视动表象，充分体现了体育教学指导的特点和核心需求，在激发学生学习兴趣的同时，提升了学习效率，全面优化了体育课程教学效果。

二、有效突出重点，合理化解难点

体育课程属于操作性极强的专业学科，在参与体育活动的过程中，一些专业概念需要结合具体的动作展示才可以强化学生的理解。在信息技术支持下，体育教师可以制作视听结合的课件，对重难点技术动作，结合动作的展示、移动与组合，辅以教师的解说教学，全面突出教学重难点，降低理论知识和实践操作的难度。比如在排球教学中进行有关"排球双手正面垫球"这部分内容的教学时，垫球作为排球教学中的基础内容，非常关键，在具体的动作学习的过程中，击球点和击球部位作为教学重难点，一般要求球和腹前保持大约一臂距离，全身要协调发力，准确击中目标，使用前臂腕关节以上10厘米左右的桡骨内侧平面触球才能完成正确的垫球动作。需要如何协调发力就是需要关注的难点。在课件制作的时候，要针对这个问题重点强调，可以穿插视频细化教学，让学生直观地了解技术要领和动作要求，为自主训练奠定良好基础。

三、建设数字化教学资源库，助力教学改革

高校体育课程的设置，一般非专业学生每周有两个课时左右，仅仅依靠课堂时间开展教学活动并完全落实教学目标的难度较大，利用课余时间强化体育教学效果也是新时期课程教学改革关注的重点。当然，数字化体育教学资源的支持是实现这一教学目标的基础和前提。数字化体育教学资源的构建主要有以下几条途径：第一，对已经建立的体育教学资源进行数字化处理，比如学校可以提出在线精品课程，以图片、文字以及视频等形式加工传统的教学资源，以数字化教学资源形式上传。第二，购买专业化的网络教学资源，很多商业网络公司和专业团队与重点大学合作开发的体育课程，以数字化形式呈现在网络平台上，涉及各项动作要领教学、比赛合作以及专业讲解课程等，质量都比较高。学校购买之后可供学生线上学习或者下载使用，相对来说教学指导更加专业，减少学生自主模仿过程中误解技术动作，影响自主学习效果。第三，学校制作和开发教学课件，组成专业教师团队，面向全国高校体育教学的一般标准，结合自身办学特色和学

生需求，制作有针对性的体育教学资源，体现校本课程资源优势。数字化网络教学资源具有开放性和灵活性的特点，可以实现自由上传和下载以及交流功能，为学生提供了丰富的学习体验，推动了互动学习氛围形成，全面提升了体育课程教学效率。

四、加大培训力度，提高教师信息素养

现代信息技术已经融入高校体育课程建设进程，教师作为信息技术的使用者，教师的信息技术素养水平直接影响着高校体育教育的改革效果。基于此，高校对体育教师的培训和指导尤为关键，是提升体育教学水平的重要推力。在现代信息技术培训工作开展中，首先要保证充足的资金投入，积极转变高校领导者的思想观念，关注教师培训，以本校实际情况为根本，制定信息化教学制度和规范。一方面，定期聘请校外专家负责体育教师的培训工作，让体育教师及时了解前沿的教学理念和教学方法，树立信息化教学意识，自觉应用信息技术支撑体育教学活动；另一方面，组织校内骨干教师去校外进修，兄弟学校间要加强交流学习，共享教育改革经验，提升高校体育教学的信息化水平。

现代信息技术与高校体育教学改革的有效融合是信息时代发展的必然结果，在教育改革工作参与中需要做的就是最大限度地发挥信息技术的作用，为高校教育教学改革工作提供助力。体育教学在高校发展进程中得到越来越多的关注，以体育教学可以提升大学生的身体素质、强化心理教育，为当代大学生的可持续发展奠定了基础。作为高校体育教师，需要明确认识现代信息技术和正确掌握使用方法，在教学指导进程中，要结合本校办学特色和学生特点，灵活运用信息技术，助力高校体育教学改革工作的顺利开展。

第三节　多媒体技术优化高校体育教学

改革开放以来，随着我国经济的快速发展，多媒体技术也在生产生活的各个领域获得了广泛的应用，特别是在教育教学领域，各个学校不仅将其纳入室内课堂，也将其引入了体育教学之中，使得体育教学模式焕然一新。

当前，随着我国各大高校教育、教学方式的不断改进和发展，高校体育教学也获得了较快发展。尤其是多媒体技术的引入，使体育教学突破了传统教学方法的限制，丰富了教学内容，学生也更容易接受，有利于培养学生对体育课堂的兴趣，实现了体育教学的最优化，促进了体育事业的发展。

一、采用多媒体技术教学的优势

在体育教学中，运用多媒体技术教学可以向学生展示丰富的教育教学信息，使学生的学习不再局限于体育课堂。

提高体育教学效率。传统的体育教学模式，多以老师口头讲述动作要点，将动作一步步分解成小环节演示教给学生，学生观看学习，然后各自去练习为主要教学方式。许多动作的变化是无法通过语言表达的，教师因此无法将整个动作细化分解，学生在练习过程中容易遗忘老师所教授的动作要点，导致教学效率较低且许多难度较大、危险程度较高的动作，（比如三步上篮、百米跨栏等）在学生练习过程中，需要面对较大的安全隐患。多媒体技术在体育教学上的运用，大大改变了这一现状，多媒体技术能够帮助教师在教学过程中将要点动作一一细化分解，仔细讲解注意事项和相关身体状态，有利于学生更好地掌握课程要求和记忆完整的动作过程，大大提高了体育教学效率，为今后我国高校体育教育更加科学、更加高效的发展奠定了基础。

提升体育教学质量。当前，高校的传统体育教育仍然仅仅局限于课堂之上，没有将教学内容融入学生的日常生活，学生的学习不够连贯。而且体育课课时相对较少，间隔时间也长，下一节课时学生可能已经忘记了上一节课所讲的内容，体育教学受到极大的限制，多媒体技术的引入，使学生即使在课下也可通过相关课件进行相关内容的学习。通过视频将体育动作慢放、分解，有利于学生更加高效地去掌握动作、技术要领，使体育教学质量得到了极大提升，多媒体技术真正地走进了体育课堂，走进了学生的课下生活，提高了学生体育生涯的广度和宽度。

二、推动多媒体技术进入体育教学的方法

与传统的体育教学模式相比，运用多媒体技术的全新的体育教学模式更具优势。然而，当前这种全新的教学模式还未全面普及，许多高校教师没有充分利用多媒体技术，使得多媒体技术的实际应用成了噱头，相关设备成为了摆设，这些问题的存在极大地制约了高校体育教育事业的发展。为改变这种现状，推动多媒体技术融入体育教学，可以采取以下主要措施：

革新体育教学思维和方法。传统的体育教学模式一般以教师讲授、学生被动接受练习为主要方式。在这种模式下，学生一直在被动地接受，老师也形成了固定思维，两者难以形成一种及时沟通的机制，学生在未充分理解老师所教授内容的情况下，无法形成明确的概念，导致学习效率低下，久而久之出现厌学情绪。高校需要改变传统的教学思

维，加大相关设备的投放力度，提供更好的教学环境，营造良好的教学氛围，建立健全多媒体技术的培训、使用、维护、更新等一整套的运行机制，丰富教学形式，革新教学方法。

提高教师运用多媒体技术的能力。研究发现，高校体育老师对于多媒体技术相关知识很是欠缺，仅仅对一些简单的课件制作、视频编辑略有所知，对一些其他多媒体技术则无能为力。由于教师掌握的多媒体技术有限，使得多媒体教学流于形式，对教学内容没有产生实质上的帮助，不利于教学水平的提高。作为新时代的体育教师，要不断地去学习新的教学方法和手段，时刻督促自己不断进步，合理利用多媒体设备，不要让其成为摆设，要注重创新，做到以学生为本。学校要增加多媒体技术培训课程，把培训落实到每一名教师身上，建立相应的考核制度，并将其纳入教师的能力考核。

培养学生对体育锻炼的兴趣。兴趣是最好的老师，体育教育在我国教育事业中占有举足轻重的地位。然而，随着社会的进步与发展，许多年轻人对体育锻炼失去了兴趣，宁愿请假也不愿去操场参加体育锻炼。产生这种现象的原因很多，不可忽视的是，传统的教学方式难以达到当今日新月异的教学方式转变的要求，使得学生对体育课嗤之以鼻。引入新型的多媒体教学模式，能够通过幻灯片、视频、音频等各种方式丰富教学内容，最大限度地调动学生的积极性，获得良好的教学效果，降低学生的负担，获得学生的认可。

当今社会，科学技术发展使得我们的生产、生活环境发生了日新月异的变化，多媒体技术引入体育教学中是必然的发展趋势，能为高校体育事业的发展增添无限的生机与活力。无论是学校、教师还是学生，都应顺势而为，努力去接受新生事物，创新教育教学方法，将多媒体技术和传统教学手段有机地结合起来，取精去糟，使教学效果最大化，为当今我国体育事业的发展贡献力量，为建设体育强国添砖加瓦。

第四节 高校体育教学技术健身论思想

高校体育教学首先要明确指导思想，才能有利于体育功能的发挥和有效教学，本节试以技术健身论所包含的五大环节分别对高校体育教学的现状进行分析，阐明高校体育教学以技术健身论思想来指导体育教学工作，是值得借鉴和可行的，也是符合目前高校体育教学改革现状的。

一、技术健身论的本义

早在改革开放初期，学校体育领域就存在两大争辩思潮：一是强调体育课的一切活动是为了增强学生的体质的"体质派"的；与之针锋相对的是主张体育课上的教学活动应以传习体育的基础知识、基本技术和技能为主旨的"三基派"。面对二十多年来争论不休的分歧，业界一直无法给出定论，主要存在的矛盾是在同一情形下，为了增强体质，就不能讲求技能，一旦讲求技能，体质论的宗旨就会被削弱甚或消除，或为了提高技能，也不能顾及体质，一旦兼顾体质，提高技能的有序性就会被淡化甚或被破坏。看来好像不可能有任何方式可以把它们结合成无矛盾的统一体，无论强调哪一方另一方都会有所损失，难以两全其美。与其抱残守缺，不如突出一点。学校是知识传习的场所，这是学校图景的内在规定性，所以学校体育教学只能以技术传习为目的，由此提出技术健身论。

技术健身论即技术健身教学论，是强调体育课以"虽具有却不追求而虽不追求却必有强化体质之功效的运动技术传习"为主旨的体育教学思想，即强调体育课应以运动技术传习为主旨并相信运动技术学习是强化体质（能）之有效的体育教学思想。技术健身教学论包括五大环节：体育教学目标、体育教学内容、体育教学方法、体育教学组织和体育教学考评。

二、五大环节与高校体育教学之论说

（一）体育教学目标

体育教学目标是指通过课堂教学所要达到的预期的学习结果，具体地说就是通过课堂教学对学生将能做什么的一种明确、具体的表达。目前，高校对目标的确定存在趋势就是一种多维的目标形式，即一次体育课下来既要有理论知识、技术教学、能力培养、身体素质等目标的传播，具有增强体质、掌握三基与思想教育的目标多元化。我们知道，在短短的一次课里要满足和达到如此多的目标传播是何等不易。这对于一个老师来说等于在盲目地赶鸭子上架似的走过场，最终既达不到预期教学效果又使课堂杂乱无章，学生不但不喜欢，还严重伤害了学生的学习兴趣，所以，设立的目标明确单一，这是技术健身教学论的精髓。也就是说课的教学目标就是以运动技术传习为主旨，在为达成这一目标时，它所进行的一切学习及其训练过程，确实强化了体质及增进健康，也会对学生的身心产生良好的影响，甚至可以说运动技术学练过程中蕴含着产生运动技术的思想素质。但不强求通过运动技术学习达到强身健体目的，这样的目标，就会使教师的教和学生的学"心往一处想、劲往一处使"了，努力的结果也是可以检测的，最大限度地调动了学生的学习兴趣，实现了个体的成就感。在这样的过程中大可不必担心体育教学目标单一化，倒是多元目标的思维方式令人犯愁。所谓多元并存，本来是指社会的宽容状态，怎能误用到目标设置上去呢？技术健身论的目标体系独树一帜，先从上位系统找到逻辑点，然后逐层对接，每一年度，每一个学期，每一单元，每一次课以及每一教学环节，都只能根据实际情况而设立一个目标来进行系统的传习运动技术教学。

（二）体育教学内容

体育教学内容是指教学活动开设的学习领域和科目中特定的事实、观点、原理和问题及其相互联系方式，表现为一定的知识、技能、技巧、思想、观点、信念、言语、行为和习惯的总和。在教育领域，教学内容历来以教学材料为载体，总是在一定的活动中使用，而且需要转化为学生的学习经验。关于体育基础知识或理论教材的问题，也应冲破思想束缚，力求实效，提高学生的体育文化素养，从来就不是讲一点简单的体育常识和含混的体育理论；恰恰相反，严格规范且引人入胜的运动技术传习学练过程，才能真正提高学生的体育文化素养和体育理论。这不是轻视理论课，也不是从体育课上挤掉理论，而是在雨雪天里安排室内理论讲座，讲座的内容可依学校体育传统项目特点和体育老师自身技能而定，但主要应围绕常见运动项目的竞赛规则和裁判方法来选择教材。技术健身教学论在这里恰以系统地传习运动技术为己任，发挥其独特功能。

（三）体育教学方法

体育教学方法在技术健身教学论里给出的明确定义是有体育老师主导的传习运动技术的完整程序，并将体育教学的完整程序归纳为讲解、示范、练习、正误、检查五大环节。进而指出，这五大环节各自的变式及其相互之间的变位再加之不同运动项目的变换，就可以应需生成多个生动具体的教学方法，这就是"变式—变位—变项"三位一体即时合成一切鲜活的体育教学方法的概念。每一个老师在使用任何一种教学方法时，都会受到他本人的知识水平和体育素养、教材内容的特点和场地器材的条件、学生的基本状况以及时间气候等多种因素的层层制约。教学方法的科学应用对于调动学生的积极性，完成教学任务，实现教学目标具有十分重要的意义，科学的体育教学方法体系也是促进学生形成终身体育能力的关键。针对于在同一目标、同一内容、同一条件下出现同一教法的问题，应当改变。

（四）体育教学组织形式

高校体育教学的组织形式有自然班和选项班等组织形式，比较多的学校采用的是一年级自然班（但大部分学校又细分为男、女班）、二年级选项班组织教学的方法，采用自然班授课，学生集中，非教学的组织指导工作比较方便。由于学生彼此熟悉，教学过程中也有利于交流和互相帮助，还便于通过集体荣誉感来激励学生努力学习。在这样的教学班里，学生在体育项目的爱好、体育技能的基础、体能的强弱等方面存在的差异就会比较明显，这就给教学内容的选择、学生体育兴趣的培养、良好学习动机的激发、课堂教学的组织等增加了难度，要做到以人为本、尊重学生实际、更好地传承技术就更加不容易了。采用选项班的教学，由于班的组成可以以学生对该类课程选项内容的爱好和所具有的体育基础为前提，因此学生的兴趣比较一致，体育技能的差距相对较小，老师的教学就可以有较强的针对性。选项课的教学内容比较集中，可以增加一定的深度，教学过程中的竞争因素较多，能给予学生更多施展体育才华的机会，这对于学生体育兴趣的保持、良好学习动机的激发、体能的发展和体育技能的提高都提供了有利条件。由于学生来源于不同的班级，通过合理引导，还有利于学生加强人际交往，提高协调人际关系的能力，改善心理品质。因此，这对体育教学具有良好的作用，对于终身体育能力的形成也将产生积极的影响。相对来说，这种组织形式对于充分发挥体育教学在素质教育中的作用是比较有利的。

（五）体育教学考评

体育教学的考评系统，在技术健身论里分为对学生学业的考核和对教师任课水平的评估两方面。对于学业的考核，前面已将体育教学的目标设定为系统地传习运动技术，那么学生只须考核每一阶段的运动技术学练数额及掌握程度就可以，无关出勤以及课堂表现，但必须是出勤与课堂表现都合格者才准参加考核，学生体育学业的最后成绩，只由期末考试来判定，无须考核平时评分。当然平时考核也要进行，但那是用于状态诊断目的的，对于理论知识和素质测验，当学生的运动技能普遍有所提高时，他们的身体素质、素养和精神面貌也肯定会发生相应的改善。共同的认识是，在体育教学中，学业的考核在理论上存在着不足：不同发展水平的学生获得的成绩在上体育课之前就已经基本被确定了，这是因为体育课程是以运动技能的获得为主的，运动技能的水平与身体条件有直接关系。诸如力量的大小、身高、体重、灵敏性等身体条件在有限的体育课程时间内是难以改变的，这就意味着学生学业的考核成绩并非由学生的努力程度或老师的教学水平所决定的。在这样的情况下，是不能激发学生的学习积极性的。这也是目前学校体育教育研究的热点课题。教学行为的评估可分为三个环节。首先，是确定评课人的资格，要精通体育教学理论；全面掌握参评各课的实际情况；与被评师生无直接利害关系。参与者和考核的执行者，同时也是被考核者，这种角色的二重性会表现出不公平性，教学中常有出现，应回避。其次，是评课的内容，包括课前准备、全课密度、基本内容。现在教学的评估都包含教案和体育课教学两块，但应该把它们区分开来，教案的编写情况与体育课的质量有联系，但二者并不呈正相关。最后，是评课的程序，请评课人根据系统观测及总体感受，在权衡全部参评课程之后，先给每一节课划定质量等级，等级至少应在一个范围内求得统一，以便纵横对比；请评课人对同等级内的每一节课再做特色描述；请任课老师字面说明该课质量与其以往相比居何水平。目前，有些体育教学评估有时会出现把评估的结果直接与聘任、晋升、加薪挂钩的现象这极易导致功利主义倾向，还有大部分学校评估要等到年底再进行，这样就只能凭主观印象了。对工作的效果缺少及时的评价和反馈，是不利于及时改进工作水平和提高工作效率的。对体育教师评估的最终目的是促进体育教学的发展，更好地达到教学目的，而不是为了评估而评估。

综上所述，技术健身教学论的五大环节，可以体现真正的体育教学思想论的内在力量与外在价值，用于指导目前高校体育教学是非常有参考价值和实际意义的。当然，教学指导思想的界定，是一项长期的、动态的、综合性的系统工程，涉及的东西很多，需要很多部门的共同重视。

第五节　高校体育教学中的 VR 技术

随着体育教育改革思想的不断贯彻和深入，对高校的体育教学方法提出了更多的要求，高校体育教师的教学方法应该变得多样化和多元化。体育已经列为我国新课标重点培养对象，这促使很多高校体育课程在源源不断地进行改革和变化，教学方法上也出现了很多新的变化。当然，在进行改革的过程中难免会遇到很多的问题。

当前我国高校体育教学在方式和模式上仍存有一定问题，教育教学的过程中很多高校都过于注重一致的教学模式和教学方向，致使教学大纲的制定和教学改革方向趋于一致。但随着我国素质教育改革的深化，素质教学思想已经逐渐融入教育教学的各个方面。随着科技的发展，VR 技术在很多领域得到了广泛运用，也为高校开展的体育课程提供了新的教学方式，让体育教学能够紧跟时代的步伐，摆脱传统单一的旧的教育模式和教育方法的影响。

一、运用 VR 技术来改进体育教育教学体系

截至目前，我国各高校仍然缺乏完善的教育教学体系，致使多数学生不能够掌握当前体育教学中自主学习的方式方法，无法了解各项体育教学的基本技能。在日常的体育教学中，教师可以利用多媒体来进行相关教学，以此让学生了解到体育课程建设的目的

和体育锻炼的基本知识，让学生可以深入细致地了解其内涵，以此来强化学生关于体育学习的印象，增加学生关于体育运动的相关知识技能。在各高校体育教学中，可以应用VR教学技术提升学生的学习效果，这能够在一定程度上帮助学生了解体育运动的基本技能和技术方向，强化学生的体育学习热情，培养其兴趣，借此达到培育高素质体育人才的目标。这也是当前背景下各高校体育教育教学的核心性计划内容。

我国各高校当前的体育教育教学目标较为模糊，教学方向差异性较大，难以统一。所以各高校要及时改变当前教学大纲，系统完善地构建高效体育VR教学课堂，增加多样性的教学内容和教学体系，逐渐改变传统单一的竞技性体育观点。提升学生的学习兴趣，在相关的理论课堂中运用VR技术，主要是要让学生了解体育锻炼的文化知识，注重对学生体育锻炼价值观的教育。由于部分高校学生对于文化理论的知识基础比较牢固扎实，抽象的思维能力较强，但是在体育课堂实践中运用能力略差，教师可以在技术层面下手，运用好相关的VR技术，让学生可以通过VR技术来进行相关的实践练习。教师必须充分考虑学生的具体情况，选择合理化的方法给学生进行切实可行的示范，帮助学生了解到具体动作的分解方式，然后进行相关的分析讲解，让学生感觉通俗易懂，这就非常需要教师具有过硬的专业能力，并且要熟记教材内容，才能够在教学中针对VR技术来辅助教学，形成合理完善的教育教学体系，从而使得学生可以应用VR技术来进行系统的学习和训练，帮助学生形成完善的体育学习和训练方式，有效提升学生的学习积极性。学生掌握了学习技能，增加了学习信心，能为以后的体育练习和技能增长奠定了长期的坚实基础。随着我国素质教育教学的改革和发展，体育课程的数量和种类也变得多种多样，所以体育课程的教学评价模式也需要做出适当改变。要使体育教学评价模式更加全面和多元化，使其适用于教学当中，对每一位学生都要进行相应的教学评价，从而保证体育教学多样化改革的顺利实施和有效进行，以此提升学生的学习效果和技能掌握速度。除此之外，各高校体育教学中，在最后的测试里，不仅要对学生体育锻炼的方式、方法和技能的掌握进行综合考核，还要根据学生当前的学习进度和未来发展，使用VR技术来帮助学生学习，使其增长体育学习兴趣，促进体育锻炼，强化学习信心，最终实现培养学生终身体育意识的目的。

二、运用VR技术教学内容和方法的理论依据

在当前背景下，时代在进步在发展，教育教学模式的改革也在不断进步，我国素质教育改革的脚步也从未停止。结合我国学生当前的身心发展和个人特点，现代教育应充分结合德育来激发体育教学的德育作用，而不是一味地采取应试教学方法，将提升学生

学习效果作为教学目标。高校教育者应采取多元化教学方式，充分发挥高校体育的教育教学思想，从而对学生进行全方面的高素质培养。首先，要运用好VR相关技术。学生可以在日常课外时间可以运用VR眼镜，感受球场的氛围与环境，提前接触赛场，让学生更方便地通过VR技术来进行相关的实践训练。其次，高校必须切实提高教师的教学能力，并从多方面培养技术过硬的教师。只有教师具备了过硬的技术水平和专业技能，才能够指导学生运用VR技术来进行实际学习。学生合理利用VR技术，不仅能够强化学生的实践学习，还能够使教育者建立健全完善的教学评价体系，促进学生的全面发展。最后，教育教学者要根据具体的条件、情况和大学生的特点，进行教学创新，丢弃传统陈旧的教育教学方式，对体育教学内容及其教学方法进行合理构建和改革完善。在高校体育课程教学中，大部分学生的自主学习能力通常较低，教师要发挥主观能动作用，促使学生能更好地参与到体育教学中去，让学生快速有效地掌握体育锻炼的方法和方式，构建体育课多样化的教学内容和完善的教学体系是高校发展素质教育的需要。

体育学习过程不仅是一种认知活动，还是一种情感活动。因此，多样化的教学方式可以在很大程度上激发学生的学习兴趣和热情，传统枯燥的教学方法和教学内容总是无趣乏味，一定程度上也削减了学生的学习热情，使学生在学习过程中出现知难而退的心理。要对在传统单一的教学体系进行改革，在体育课中加入多样化的教学方法和内容是不错的选择，可以运用VR技术，让学生在玩乐的同时，感受到体育课堂的魅力，激发学生的学习热情，强化学生体育训练的基本技能。因此，运用VR技术的教学方法和教学方式，是提高体育教学效果有效途径。要想使体育教学课程既不偏离社会的需要，也不违背学生的兴趣爱好，教师就需要对教学方式进行有效调整，要对教学方法和内容进行多样化的调整，构建出适合学生个性发展的体育课程体系，只有这样才能更好地使学生的身心协调发展。所以在高校体育课堂教学中，体育教学VR技术的采用和实施是势在必行的。而且需要根据不同学校及学生的特点来进行选择和调整，以此来满足学生的学习需求，激励学生进行相关的体育学习。

结合VR技术与多媒体创设情境、比赛创设情境等，可以有效地提升学生参与体育训练的积极性。虽然VR技术需要较高的成本，但是对改善教学环境、提高教学水平有着很大的帮助，也能对学生以后的体育训练产生积极的影响。

第六节 高校体育舞蹈教学中渗透信息技术

本节以信息技术和体育舞蹈作为研究对象，阐述了高校体育舞蹈教学中渗透信息技术的意义，从优化教学过程、简析教学难点、提升教学效果和丰富教学资源等方面，总结了高校体育舞蹈教学中渗透信息技术的意义，分析了渗透信息技术中的阻碍，进而在提出加强对专业的认知、提升教师专业素养、优化课程教学方案、加强舞蹈教学研究等手段基础上，对高校体育舞蹈教学中渗透信息技术的措施进行了分析和阐述，以期为高校体育舞蹈教学水平的提高提供有力保障。

信息技术是人类将认识自然和改造自然过程中积累起来的经验、知识、技能等信息，通过计算机的处理，达到获取、传递、存储、显示、提取、使用等目的，是管理、开发和利用信息资源的有关方法、手段与操作程序的总称，主要包括传感技术、计算机与智能技术、通信技术和控制技术在教育领域中，信息技术的运用主要指计算机与智能技术的运用，也就是常说的多媒体技术是学校教学理念和方式改革与创新的主要手段。体育舞蹈是我国目前高校体育教学相对重要的一个专业，在传统教学理念影响下，体育舞蹈教学效率较低，学生的学习能力提升较慢。多媒体信息技术的运用，可优化专业教学方式和理念，促使学生全面发展。因此，对体育舞蹈教学中信息技术的渗透进行分析具有一定现实意义。

一、高校体育舞蹈教学中渗透信息技术的意义

目前我国高校建设与发展水平都不尽相同，部分高校体育舞蹈教学依旧采用传统的教学模式：示范—讲解—领做—练习。这些传统的教学方式、方法无法满足学生的学习需求，也无法激发学生的学习兴趣。多数教师并不具备操作现代化教学设备的能力，使多媒体信息技术无法成为体育教学的辅助手段，这对学生的专业发展，对教学改革的顺利进行，都产生了一定的限制，从而影响了体育舞蹈教学的质量。现代信息技术从教学用的体育教材和资料上看，不能充分利用现代互联网平台上科学的、前沿的共享资源，导致教学内容缺乏新颖性、科学性与系统性；从技术结构上看，体育舞蹈其实是技术含量较高的运动项目，汇集了不同国家和民族的舞蹈种类，每个舞蹈种类都有其不同的舞曲、舞步以及套路风格。因此，不能合理运用多媒体技术的图像、动画、声音、视频、文字等信息特点，让复杂的动作技术及套路变得直观、简捷、易懂，但也制约了学生的审美能力与艺术素养的提升。多媒体信息技术的有效运用，不仅可以让体育舞蹈教师从传统知识传授者的角色中脱离出来，使其不再是教学中主要的信息来源，而是成为学生的帮助者和引导者。因为互联网信息资源有着共享性、丰富性、综合性和先进性等特点，能够为学生提供足够的信息资源，打破传统教学中信息只是来源于教材的局限性，还可以让学生不受时间和空间的限制，依据自身的兴趣和需要，把相关的信息进行选择、吸

收和掌握，让学生的学习更加自由。

二、高校体育舞蹈教学中渗透信息技术的优势

（一）优化了教学过程

在高校体育舞蹈的传统理论教学中，教师一般使用黑板与粉笔板书，师生之间的交流相对较少。实践教学中，能够运用的教学示范方法手段也比较简单，但是将多媒体信息技术使用在体育舞蹈理论与实践教学中，可以对传统教学模式进行创新。例如理论部分，可做成多媒体课件，在课堂中进行播放和演示，让学生更好地了解体育舞蹈的起源、发展、前沿和动态，其中可以添加一些图片、语音讲解、短片、比赛视频等，吸引学生注意力的同时，提高其对体育舞蹈的兴趣。实践部分，可将体育舞蹈每一个动作、每一组动作、每一套动作做成视频片段，通过多媒体教学一体机播放出来，但多媒体教学一体机受场地限制，不利于课后复习。学生可以随时通过手机微信、QQ等信息技术平台播放，使学习摆脱时空限制。体育舞蹈教师在教学中通过对教学一体机、投影仪、微信、QQ等多媒体信息技术的运用，能够使学习手段更加灵活多样，使教学过程更加生动有趣。

（二）减少了教学难点

高校体育舞蹈运用网络教学、视频讲解、录像示范、数字化分析等先进的多媒体技术，把文字、图像、声音、视频用一定情境模式呈现出来能够很好地把体育舞蹈中不同舞种的背景、音乐、动作、技术等直观地在教学中呈现出来，再配上教师的详细讲解，就可以让学生更轻松地学习。现在全国多数学校都实现了校园网络的全覆盖，学生在校园的任何地方想要上网学习都很容易，因此，教师可以将教学内容做成视频短片，传到微信或QQ群中，供学生随时随地学习。对于组合套路的路线和动作技巧难点部分，教师可以详细讲解并放慢示范速度，使动作技术路线和动作重点难点更加清晰、简捷和直观，学生可以通过慢放加深对动作的理解，这样的多媒体辅助手段使教学收到了事半功倍的效果。当前部分高校体育舞蹈教师都是在艺术体操和健美操等项目中选聘出来的，这些教师体育舞蹈专业能力还不够强，在教学时无法把正确的动作技巧完整地展现给学生，致使学生无法精确地掌握动作技术。多媒体信息技术的使用，有效地解决了这类问题。

（三）提升了教学效果

将多媒体信息技术运用在体育舞蹈教学中，可以把体育舞蹈中一些抽象的理论知识

具象化、复杂的动作简单化、复杂的路线清晰化,以此提升教学效果。多媒体信息技术可以实现理论知识、动作技术、组合套路的快速切换,通过慢放快进等手段,切换到每个人需要的速度。例如华尔兹舞步通过膝、踝、足底、跟掌趾的动作,结合身体的升降、倾斜、摆荡,带动舞步移动,使舞步起伏连绵,舞姿华丽典雅。教师学生时可能无法短时间内掌握与完成,教师可通过图片、视频等形式,将华尔兹舞步中的一些基本动作技术发送给学生,让学生研究、学习,找出自己舞蹈动作技术中的不足之处,力争做到动作美、形体美、韵律美。教师还可以运用网络信息资源共享技术,找到和课程内容相关的素材和资源,满足不同学生的学习以及课外体育锻炼需求。在多媒体信息技术的辅助下,新时代体育教学既激发了学生学习热情,使其主动参与到学习中去,又很好地完成了教学任务,提升了课堂教学效果。

(四)丰富了教学资源

在传统教学中,受各种原因的影响,教师获取知识与信息的渠道比较少,能够传授给学生的知识相对单一。将多媒体信息技术运用在体育舞蹈教学中,可以在课堂上发挥辅助性作用,丰富教学资源。通过网络技术的帮助,教学内容可以及时更新,紧跟经济与社会发展的脚步,丰富的共享教学资源不但可以满足学生的学习需求,还能够提升教师的教学效果。可以将数字技术和计算机智能相结合,实现资源共享。这样既为体育舞蹈教学改革与发展提供了平台,也为广大师生丰富舞蹈知识、开阔视野提供了技术支持和信息保障。

三、高校体育舞蹈教学中渗透信息技术的阻碍

(一)多媒体信息技术运用水平差

随着科学技术的快速发展,信息技术在教育领域被广泛使用,这就要求在实际教学中,教师要具备使用现代化仪器设备的能力。而现实情况是,我国高校教师在多媒体技术的使用和操作上都存在一定的问题。由于体育舞蹈在我国起步较晚,在教学中对多媒体信息技术的使用水平也相对较差,教师的计算机操作能力和多媒体技术使用能力,无法满足学生的学习需求,也无法满足教学要求更无法很好地发挥信息技术在教学中的作用。

(二)舞蹈知识研究程度低

作为一门新兴的体育学科。在教学时和其他学科有一定的差距,现代信息技术直到最近几年才开始教学中广泛使用,因此,怎样将计算机和多媒体技术与学科教学结合在

一起，提升体育舞蹈教学质量，是当前高校需要重视的问题。就当前的情况来看，大多数高校对体育舞蹈的研究都不是很深入，体育舞蹈教学在对信息技术的使用上存在极大的进步空间。

四、高校体育舞蹈教学中渗透信息技术的措施

（一）使用信息技术，注重体育舞蹈认知

在科学技术高速发展的当下，人们的衣、食、住、行都和互联网有着直接或间接的联系。在教育领域，多媒体技术在教学中的使用，有效地提升了教学质量和效率。但是在运用高科技多媒体技术作为教学的辅助方法手段时，部分高校对其重要性认识不足，没有加大对现代化教学设备的投入与使用力度。在这种情况下，要想将信息技术渗透到高校体育舞蹈教学，就需要高校加大对现代信息技术的重视程度，加大对多媒体信息技术在教学过程中的使力度。北京体育大学是我国体育舞蹈教学中的代表性院校，在学校的教学中就很好地将信息技术与体育舞蹈教学融合在了一起。在实际教学中通过对多媒体技术的运用，把各种舞蹈动作分解开来，把国际上比较优秀的体育舞蹈作品用作教学参考资料，可以有效提升学生的艺术欣赏水平和专业素质技能，加强对体育舞蹈专业领域的认知，也可提高学校对信息技术的了解与重视，并在此基础上将信息技术渗透到学校教学的方方面面。

（二）使用信息技术，提升教师专业能力

在体育舞蹈教学中，教师的示范讲解是整个教学环节中最关键的部分，信息技术的渗透也需要从教师方面入手。在实际教学中，教师承担着传授知识与组织教学的重要任务，教师自身的专业知识与能力对教学效果有着直接影响。特别是在新时期的教学中，随着体育课堂教学内容、方法、手段的改革和创新程度的不断提高，对体育教师的专业素质有了更高的要求。和其他专业课程相比，高校的体育舞蹈教学，除了要学习专业理论知识之外，还要掌握很多舞蹈动作技术技巧。在信息技术广泛应用于教学的情况下，体育教师也可以通过互联网搜集与体育舞蹈教学相关的内容与信息，丰富自己的知识储备，提升自己的专业水平。校方有必要加强对教师计算机专业技能的培训，让教师掌握最新的计算机专业知识，提升计算机操作能力；有必要将多媒体技术的使用纳入教师的考核之中，定期举办多媒体课件大赛、微课大赛等，以此调动教师的积极性与主动性，从而有效提升教师的专业能力和技术水平。

（三）使用信息技术，优化课程教学方案

在高校体育舞蹈教学中，学校要依据自身的教学条件，结合本校学生的素质水平和特点，制订合理的课程教学方案。学生的家庭环境和成长背景各不相同，每个班级学生的舞蹈基础及对舞蹈专业知识的掌握程度也都不一样，这增加了体育舞蹈教学难度。为了改善学生之间这种极端化现象，教师在教学时要分层教学，依据学生真实水平，将学生分成不同层次，再针对不同层次学生采取不同的教学方式，在教学时可以使用信息技术制作不同的多媒体课件与教学内容。对于基础相对薄弱的学生，教师在制作课件时要以基础知识为主和舞蹈动作技术分析为主。而对于基础较好的学生，教师在制作课件时可以选用一些专业比赛视频与难度更高的动作，开阔学生视野。在教学中定期对学生的技术动作以及完成水平录入计算机，充分发挥信息技术逻辑分析统计的优势，整合处理这些教学数据，分析统计学生在这一段时间内的学业水平，根据信息技术提供的参数，了解学生实际舞蹈水平及努力程度，制订层次化的教学方案，不仅可以缩短学生之间的差距，实现全部学生共同发展，还降低了教师教学的难度，也对教学资源进行了合理分配，提升了体育舞蹈教学的效率和质量。

（四）使用多媒体信息技术，加强舞蹈教学研究

社会在不断进步，各种先进技术也在日益更新与发展，信息技术也是如此。要想将信息技术全面渗透到高校体育舞蹈教学之中，就需要在教学中不断研究，探索出更先进的教学方式。体育舞蹈在我国高校发展的时间相对较晚，国内对这种新兴学科的研究还比较落后。将信息技术和体育舞蹈教学相结合进行研究，可以解决体育舞蹈教学研究中存在的问题与不足。高校要加强对信息技术的研究，并在这方面投入更多的资金和人力，在实际工作中鼓励体育舞蹈专业教师和相关专家，对信息技术在舞蹈教学中的应用进行深入研究，制定相应的奖励标准与机制，对研究有成果的人员给予奖励，激发研究人员的积极性。出现的问题要及时解决，获取的成果也要切实有效地运用于实际教学中，提升体育舞蹈教学质量，激发学生的学习兴趣。

为适应科学技术发展，跟上教学改革的步伐，将多媒体信息技术渗透到体育舞蹈教学的各个方面势在必行。教学过程中，对多媒体信息技术的运用，不但加深了学生对体育舞蹈专业的认知，促进了教学方案的优化，提升了教师的专业素养与技能，提高了体育舞蹈教学质量，还保证了高校体育舞蹈课程健康、有序、稳步地向前发展。

第四章 高校体育教学设计改革

第一节 体育教学设计的基本理论

本节对体育教学设计的要素内容及撰写规范进行归纳和分析，针对体育教学设计涉及的指导思想、教材分析、学情分析、教学流程、场地器材、安全防范和课时计划等七个要素的撰写要求展开分析。

体育教学设计是体育教学工作的重要内容。高效的体育教学必然要求高质量的教学设计。但从当前的研究来看，一线体育教师的教学设计上存在着一些问题，如基本要素不全、随意增减内容、撰写不规范、分析不深入、缺乏针对性等等，反映出一线体育教师理论水平不高、教学设计能力不足等问题。

一、体育教学设计的概念

体育教学设计是指为了达成一节体育课预期的教学目标，运用系统观点和方法，遵循教学过程的基本规律，对教学活动进行系统规划的过程。体育教学设计直接指向的是课堂，是对体育课堂教学的整体构思与具体规划，体育教学设计与教学计划是具体落实与宏观规划的关系，与课时计划是上下位概念的关系。体育教学设计涉及从内容选择到方法选用、从学情分析到练习方式安排、从场地布局到教学流程等一系列内容，实际上是要通过分析阐明教什么、为什么教、如何教等一系列教学基本问题。

二、体育教学设计的基本要素

长期以来，我们对教学设计概念的认知不清，在全国第八次新课改后，许多"新理论"不断涌现，令人应接不暇，直接导致一线教师教学设计模式层出不穷，参差不齐。但经过这些年的深入研究，体育教学设计基本要素已经固定下来，一般认为体育教学设计包括指导思想、教材分析、学情分析、教学流程、场地器材、安全防范和课时计划共七个要素。其中，前六个要素是从总体上对体育课的构思与分析，通常以文字形式呈现；课时计划则是教学设计最核心的部分，是课堂教学实践的直接依据，一般以表格式形式呈现。

三、体育教学设计的基本要素分析

（一）指导思想

指导思想看起来虚无缥缈，与教学实际没有密切的关系，但却起着导航的作用，是开展体育教学活动的方向和依据。指导思想一般都会列在体育教学设计的首位。撰写要求为：站位高，引领强，有针对性。指导思想可分为宏观、中观和微观三个层次，如立德树人、全面发展等属于宏观层次的提法；课程标准、课程目标等属于中观层次的提法；运用有球练习增强学生的足球球感，运用丰富多彩的教学手段促进学生蹲踞式跳远技术的提高等属于微观层面的提法。

（二）教材分析

教材是教学的载体，离开了教材，教学就无从谈起。新课改要求将教教材改为用教材教，即要树立教材是为学生发展服务的理念。体育教学设计中的教材一般是指狭义的教材，即教学内容。教材分析要在全面了解所选教材的前提下，深入分析其特点、功能、技术要领、重难点、教学方法及其它关联性因素。务必要阐述清楚体育教学教的具体内容是什么、教的目的是什么、教的方法和手段是什么等等。若不对教材进行深入分析就开展教学便是随意教学、盲目教学，为学生发展服务便无从谈起。因此，在撰写教材分析的时候要写全、写实、写透。

（三）学情分析

学生是课堂的中心，教学活动的出发点和落脚点都是学生。只有准确了解了学生的情况，才能选对合适的教学内容，制定合理的教学目标，采取合理的教学方法和组织形式。学情分析包括学、情和析三个方面的内容，学是指学生的入学情况，如人数、性别、健康程度等；情是指学生学习的情况，包括课堂内和课堂外的情况；析是指分析，在把握学和情的基础上进行深入分析。换句话说，对学生基本情况的描述是必不可少的，但不能仅仅阐述学生的年龄、性别、生理与心理特点、兴趣、爱好等，还应对与本节课密切关联的学生体能基础、技术基础、学法基础、锻炼习惯、学习态度等进行客观分析，从而实现描述和分析两个层面的叠加效应。因此，在进行学情分析时一定要与课堂联系起来，避免出现"放之四海而皆准"的学情分析"真理"。

（四）教学流程

教学流程顾名思义是指教学环节的流程，主要是指教与学环节的活动程序，通常是主教材的教学步骤。教学流程最容易被误认为是上课的流程，主要原因在于对"教学"的概念把握不准。一节课中并不是所有的环节都属于教学环节，如课堂小结、放松活动、体能练习等就不具有教学性质，不能称之为教学流程的内容。对于教学流程而言，只要在教学流程要素下讲明主教材教学的各环节安排及相互关系，就已经达到了最基本的要求。

（五）场地器材

场地器材是开展体育教学的物质保障，也是安全隐患的高发区。场地器材的基本要求为安全系数高、面积（数量）充足、布置合理。安全系数高主要是指场地器材结构牢固，无明显湿滑，不能出现因场地器材安全性不过关而导致的伤害事故，如学生使用本已断裂的单杠时摔伤、准备活动慢跑时踩到水摔倒等；面积（数量）充足是指在实际条件允许的情况下，尽量给学生增加练习空间和设备，提高练习密度，巩固技术效果，如前滚翻练习时增加垫子数量、增加学生练习的次数；布置合理是指场地器材的布置要充分考虑教学内容、教学方法、学生特点以及教学环境等方面的要求，要让场地器材更好地为教学服务，为学生的发展服务。

（六）安全防范

安全防范是体育教学设计的重要内容，安全防范针对的是体育活动中存在的一定概率的身体伤害隐患。良好的安全防范措施可以大幅度降低学生受到运动伤害的概率，也可以在体育伤害事故发生后教师被认定为主要责任人的现实情况下最大限度地保护教师。但实际上安全防范意识并没有在体育课堂上树立起来，在教学设计中也往往被虚无化。造成安全防范有需求却无落实、有提及但不具体、有要求而无操作的尴尬现实。在撰写安全防范时，要从教材到教学、从场地器材到组织、从生理到心理等多角度分析安全事故发生的可能性，根据安全隐患的类型采取针对性、操作性强防范措施，真正做到防患于未然，要让"注意安全"从口号变为实际，从"安全防范很重要"走向"安全防范很到位"。

（七）课时计划

课时计划亦称教案，是教学设计的最核心内容，是课堂教学实践最直接的依据。完整的课时计划应包括教学内容、教学目标、重难点、课的内容、师生活动、组织形式与要求、时间次数练习强度、练习密度、负荷预计、课后反思等内容。在撰写每一部分时，都需要做到明确、具体、科学、实际，不要出现"进一步提高学生蹲踞式跳远的技术""初步掌握篮球肩上投篮动作""通过本课学习,学生排球技术大幅度提高"等模糊表述,让课时计划真正回归教学依据本质。

四、体育教学设计基本要素的应用性

体育教学设计的基本要素包括教学内容、教学对象、教学目标、教学过程、教学评价等,体育教学设计的基本要素相互联系又相互制约。体育教学设计就是要根据教学目标、教学要求、教学过程、教学环节、教学评价等要素设计教学。

(一)以学生为主体设计好教学内容要素

教学内容是教学的依据,是设计教学目标和教学过程等要素的依据。教学设计是对教学内容和教学过程的教学安排计划,是对教学过程整体的安排和实施方案。教学内容是体育教学设计的主要因素,要保证体育课堂教学的有效性,就要设计好教学内容要素。我国的体育教学有统一的教学大纲和课程要求,对教学内容有明确的规定,但由于教学对象的不同及学生的个体差异等因素,在教学中在对教学内容的安排和设计上也有很大的差别。对教学内容要素的设计要根据不同的教学对象,遵循学生为主体的教学原则,体现学生在教学中的主体地位。在教学过程中,它所起到的是方向性作用,为教师制定教学设计提供了依据。但多少年来,体育教学很少去设计教学内容这个基本要素,总认为教学就依据规定的教学内容去设计和安排教学,课堂教学环节和教学过程等体育元素才是教学设计最为重要的要素。在2011年教育部颁发的《义务教育阶段体育与健康教育课程标准》中强调了体育教学设计要素的重要性,指出体育教学设计要素:要始终以保持学生的身体和心理健康为教学目标;教学过程应当有利于培养学生锻炼身体的兴趣和正确的身体锻炼方法;课程要以学生为主体,注意激发他们的创造性。

体育教学内容设计要素是进行教学的依据,但并不是一成不变的,同一个教学内容应该根据不同的教学对象而有所变化,要体现以学生为中心的教学原则。教学对象是教学内容设计要素的出发点,根据教学内容的不同进行教学设计,对教学过程的安排既要从学生的学习实际出发,还要根据教学内容去设计体育教学元素。比如在进行"蹲踞式跳远"教学设计中,作为教师,一定要在教育部颁布的《义务教育阶段体育与健康教育课程标准》的指导下,以实际教学情况确立多层次的教学指导思想;在教学目的上,应当以《义务教育阶段体育与健康教育课程标准》为参考依据,始终把学生的身体健康放在第一位,将学生的实际身体状况与教学目标相结合,制定出符合实际的教学设计;从学生发展的角度看,要遵守《义务教育阶段体育与健康教育课程标准》的指导思想,在教学设计中突出学生的主体地位,增加学生主动练习的环节,充分激发学生的兴趣和积极性，培养学生对体育的学习兴趣和主动获得知识的能力。

结合以上概念解析和案例应用，可以得出以下结论：要依据新教育理论，结合体育课堂实践和贯彻终身体育的总体要求，从"健康角度"和"学生发展"出发，落实新标准要求的体育教学观，紧跟时代节拍，以学生为中心，开发学生的主体性和创造性。

教学内容是其他教学设计要素的依据。教学对象的学情是教学设计的前提。教学内容和教学对象是制定体育设计的指导思想和出发点。学情分析主要是指对学生的起点状态分析以及潜在状态分析两部分。学生的起点状态分析主要包括三个方面：知识维度（学生已掌握的知识基础）、技能维度（学生现有的学习能力）、素质维度（学生的学习习惯、学习态度和个人的意志品质）。学生的潜在状态分析主要是指对对学生将来有可能发生的状况以及趋势的分析，主要是在现有的基础上分析学生能够在知识与技能、过程和方法、情感态度与价值观等方面达到什么样的高度。

具体到"蹲踞式跳远"教学设计当中，教师可以从两个方面进行充分的学情分析。首先从学生的身体特征方面，七年级的学生在身体上正处于急剧变化的时期，身体的外形以及各个系统器官都处于快速发展中，具有极强的可塑性，体育运动对学生的身体发展具有极大的促进作用；其次从学生的心理特征方面，按照埃里克森的心理发展八阶段论所阐述的，七年级的学生正处于角色的自我统一时期，在模仿、观察、逻辑分析、可逆运算等方面都有很大的提高，他们接受知识和模仿技能的能力不断增强，适合教授他们一些基本的体育运动知识和技能。但七年级的学生正处于青春期，会产生一些心理问题，主要表现在自我意识高涨与反抗心理渐盛，需要教师引起注意。

结合以上概念解析和案例的应用，可以得出以下结论：学情分析应该作为体育教学的前提，细致的学情分析是体育教学设计成功的重要保障。学情分析是动态的过程，既要重视课前备课时的学情分析，也要在课堂中对学生情绪变化做临时性的现场问诊，做出自己的判断，甚至课后对学情的反思也不能"过而了之"，应做好经验的总结和提炼。

（二）以教材分析为基础，把握好体育教学设计的关键因素

体育教学的关键因素是教学目标与教学过程。教学目标主导了教学的方向，教学过程决定了教学环节的安排。这些要素的设计是教学设计因素的重点和难点。要设计好关键要素，教师就要理解和把握教材，对教材内容进行分析和处理。教材分析指的是在教师进行教学之前，首先通过个人或者团体对教材进行充分研修，把握教材的理念框架以及系统性，理解每一节课的各个知识点，对教材设计的思路进行整理并加以剖析，再针对体育课堂中应当展现的教学内容系统地、全方位地设计好关键因素，教师的课堂教学设计是进行体育教学的首要环节，也是教学实践能否取得实效的关键性因素。

以《义务教育阶段体育与健康教育课程标准》为参考依据，教师可以从这样几个角度去分析"蹲踞式跳远"的相关教材。在整个教学内容中，蹲踞式跳远是基础教育阶段体育教学的一项基本教学内容，在锻炼学生的腰部力量、腿部力量、身体平衡性、身体柔韧性等方面都有着巨大的作用。在通过多种形式的练习基础上，还能使下肢肌肉富有弹性，培养出学生积极进取的优良品质和争取成功的良好心态。

结合以上概念解析和案例应用，可以得出以下结论：在体育教学中，充分而全面的教材分析是体育教学设计的关键。分析教材时，首先要认真研读教材内容，再结合"教材定性"和"教学形式"，分析教材中的问题线索、教学逻辑、活动指向、目的关联等，教师需要依靠问题线索逐步探讨，才能使问题在课堂上得以解决。

1. 以分析教材为基础，设计好教学目标要素

教学目标是指教学活动预期要取得的结果，是教育目标和课程目标的具体化，也是教师完成课堂教学任务所要达到的要求及标准。教学目标相比课程目标更具体，是课程目标在具体的课堂教学过程中的体现。在体育课堂教学中，教师应当依照课程目标和具体的教学内容制定详细的教学目标，以便选择教学内容和确定教学目标。

在"蹲踞式跳远"教学设计中，教师可根据对教材和学情的分析，为七年级学生制定具体的教学目标，主要是让学生习得蹲踞式跳远的技能，掌握蹲踞式跳远的技术特点，使学生对蹲踞式跳远有理论上的认识，以正确的动作完成蹲踞式跳远。学生通过练习蹲踞式跳远，能够提高肌肉系统、关节系统的平衡能力以及身体协调能力，增强体质。通过蹲踞式跳远的练习，可以树立学生的自尊、自信，培养学生勇敢、坚毅和果断的意志品质。在教学过程中，教师要通过讲解法、示范法、练习法等多种教学方法相结合的形式进行系统的教学。

在教学中，对于同一教材，制定出什么样的教学目标就决定了使用什么样的教学方法，目标设立的不同或者方法采用的不同，都会导致课堂效果的不同。

2. 以重点难点为标尺，设计好教学过程

教学重点是根据教学目标，在对教材进行科学分析的基础上而确定的最基本、最核心的教学内容，一般是各个学科所阐发的最重要的原理和规律，是学科思想或学科特色的集中体现。教学难点是指学生通过学习仍然不易掌握的知识和技能。重点和难点是两个概念，两者有时会有交叉，有时又完全不一样。

具体到"蹲踞式跳远"教学设计当中，教师可以根据教材以及学生的特点，设计出当堂课的重点和难点。教学重点主要就是上板积极，起跳充分，摆臂，蹬腿迅速，腾空高，踞平稳，小腿前伸缓冲，落地稳。而教学难点主要是起跳、助跑、腾空和落地的衔接，

把重点难点做如此清晰的界定的主要原因，是由蹲踞式跳远的过程要领决定的，掌握蹲踞式跳远这一过程则是这一堂课的重要教学目标。

结合以上概念解析和案例应用，可以得出以下结论：教学重难点是教学设计中的重要因素，是学生掌握教学内容的重要标尺。分析重点难点时，首先要从教材基本性质出发，了解教材的编写特点，结合"学生的运动能力"和"技术的难易程度"确立体育课堂中教材的重点难点。

（三）以教学流程为平台，把握体育教学设计因素的应用

教学设计因素是相互区别又相互联系的有机整体。设计的目的是应用。应用好教学设计要素是获得良好教学效果的基本保证。教学流程实际上就是教学过程，教学流程主要包括导入环节、讲授环节、练习环节和巩固环节。

具体到"蹲踞式跳远"教学设计上，教师可以将教学过程设计成四个环节。第一，导入环节。在课堂开始之前，教师可以让学生观看一些蹲踞式跳远的视频以及图片，让学生对蹲踞式跳远有一个最初的直观认识，激发学生的兴趣。第二，讲授环节。这一环节主要教师是向学生讲授蹲踞式跳远的基本动作要领，通过亲身示范，直观地展示蹲踞式跳远的过程，让学生习得蹲踞式跳远的动作要领。第三，练习环节。为了增加练习环节的趣味性，避免枯燥，教师可以让学生做一些与蹲踞式跳远有关的小游戏。例如顶球游戏，教师可以将球置于高处，让学生慢跑时用头顶球，这样来练习学生的起跳和摆臂的动作。第四，总结环节。教师在练习过后对学生的练习情况进行总结，指出其优缺点，巩固练习效果。

结合以上概念解析和案例应用，可以得出以下结论：教学流程关系着教学的实际操作，是教学设计中最为核心的环节。设计教学流程时，要准确地理解与把握教材，结合教材的"关系比重"和"教学重难点"，进行合理地认定和安排。在教学中，教师对教材本身的理解越深刻，对教学内容的使用就越趋于合理化。教师应在教学重难点和教学目标等方面加大分析力度，流程的设计才会更具有逻辑性和层次性，明确了这一点能让教学流程层次清楚、简明扼要、一目了然，教学效果也将事半功倍。

通过前面几个基本要素的分析与铺垫，最后再制定出详实的体育课教案，体育课教案应该是指导思想、教材分析、学情分析、目标方法、重点难点和教学流程等最终的表现形式，这些基本要素的分析与归纳统称为体育教学设计。体育教学设计是体育教学重要的组成部分，其重要意义在于教师通过体育教学设计的制定，有利于提高体育课的课堂教学效率，有利于激发学生锻炼身体的热情和信心。

第二节 体育教学设计的现状

随着新体育课程教学改革的深入，我国体育课程改革理念有了很大改变，学生的主体地位意识日益增强。由于我国传统教育思想理念根深蒂固，而且在中华人民共和国成立后很长一段时间内一直受苏联教育理论的影响，我国体育课程教学改革的思路受到了极大束缚。目前，在我国体育教学中教师对学生主体地位的意识十分薄弱，体育课程改革理念得不到很好的贯彻，存在较多的问题。

一、目前体育教学中学生主体地位意识存在的问题

（一）传统的教学方式忽略了学生培养目标的多样性

受我国传统教育思想的影响，体育教师一直处于体育教学的中心位置，教师也把自己放在了主体地位，体育教师以传授运动技术技能为重要内容，强调学生要在教师的教导下完成教学目标。一般体育课的教学步骤是固定的，教师首先采用讲解示范对技术动作进行展示，随后指导学生模仿练习，纠正错误动作，最后让学生反复练习以达到掌握技术动作的目的。目前，大多数学校均采用这一教学程序，这种做法教学思想陈旧，教学目标单一，忽略了对学生的体育学习意识目标的，忽略了体育教学对学生身心发展的作用，忽略了对学生体育学习兴趣培养等目标。教师中心地位思想让教师极少考虑学生的学习感情，这种以为学生掌握运动技能就是所谓的学好了体育的全部的观念是非常片面的。这种单一传授方式在体育教学领域存在了许多年，自始至终都是政府、学校、教师自行安排课程内容与形式，然后在各个学校中进行推广，从来没有让学生自主选择过学习内容和方式。学生只是一味地被动接受，没有机会表达自己的感受，也无从感知学生的体会，更无法激起他们的主观能动性，学生的主体地位自然无法得到保证。

（二）体育教师忽略学生主体地位

我国在不同时期都有不同的教学计划，教学大纲也一直处在不断变化之中。体育教师在安排教学计划、设计教学内容以及组织形式时，大部分情况下都是按教师擅长的技能、学校的条件、教学的环境等实际情况进行的，很少甚至几乎不考虑学生的实际情况。这是教学设计的大忌，但又是我国体育教学中实实在在存在的问题。由于每个学生在身体条件、心理素质，以及掌握的体育技能等方面存在差异，在体育教学过程中学生掌握技术的能力也就存在相当大的差距，有的学生很容易就完成了技术动作，有的学生用了

很长时间掌握得也不好。教师如此一味地按照大纲教学，不考虑不同学生的身体心理变化，势必会使学生之间的差距越来越大，对学生的心理影响也越来越严重。如果此时教师和学生之间缺乏沟通，将会导致学生自信心受到严重的伤害。学生之间也会出现各种矛盾，最终学生不再喜欢体育课，对体育课程产生排斥心理。而建立增强提高学生体质、学生体育学习的能力，以及让学生养成终身体育意识等目标最终成也将为泡影。

（三）体育教师与学生地位不平等，难以营造轻松的体育学习环境

良好融洽的师生关系是发挥学生主体意识，激发学生主观能动性，促进学生主动学习的关键因素。目前，我国学校教师和学生之间存在严重的不平等关系。在实际的体育教学过程中，当学生出现不符合课堂要求的行为时，教师往往选择以体罚的形式对待学生。学生无法和教师进行有效沟通，师生之间的误会得不到及时解决，学生一直处于弱势地位，身体和心理承受能力一旦被打破，学生的学习态度将会产生根本性的变化。正处于青春期的学生还可能会出现逆反心理，出现如故意上课迟到、故意违反课堂纪律等行为。

二、体育教学中学生主体地位意识教学设计

体育教学中，教师的主导性和学生的主体性是辩证统一的，不可缺少任何一部分，亦不可过分追求其中之一，否则都会导致体育教学秩序的混乱。教师的主导性即指导性，是指教师利用自己所掌握的知识和技能在教学过程中指导学生的学习，从而实现教学目标；学生主体性是指学生在体育教师的指导下发挥自我主观能动性，向着教学目标积极学习。教师的主导性是能使学生更好地发挥主动性，学生的主动性也能使教师主导性得以更好地发挥；学生的主动性不强，客观地反映了教师的主导性存在问题，没能充分地调动学生的主观意识。学生积极主动学习说明了体育教师主导性作用的良好发挥；教师的主导性越强学生主体意识也越强，这说明了教师对学生的了解和学生对课程的兴趣相关。因此，在体育教学过程中，教师主导性和学生主体性是相辅相成、相互促进的关系，是不可分离的，是同一事物的两个方面。科学合理且符合客观现实的教学设计也因此显得更加重要，以下提供的体育教学设计将有助于体育教师学生主体地位意识的建立。

（一）关注学生自身发展，确定以学生为本的教学理念

新时期体育课程改革目标纠正了以往过于重视体育知识传授的问题，强调了要调动学生学习的主动性，使学生在掌握基本技术知识的基础上，培养学生的体育学习兴趣，全面发展学生的个性，使之在体育学习过程中形成正确的价值观和世界观。体育教师在教学过程中一定要改变以往的教学理念，强调要保证教师与学生地位平等，不能再以教

师为中心，要改变教学内容与组织形式，使内容多样化、组织形式开放化，最大限度地激发学生对体育学习的兴趣。变"以教材为中心"为"以学生为中心"，尊重和承认学生间的个体差异，因材施教，使学生体会到体育学习的成就感和幸福感，利用体育课程的学习上树立自信心。与此同时，也要注意对学生社会适应能力的培养，促进学生良好行为习惯的养成；体育课程的学习，不仅要有助于提高学生的身体素质，更要在培养学生良好意志力、社会适应力、优秀品格方面发挥强大的作用；关注学生发展，以学生为本的教学理念可以保证学生主动积极地参与体育活动，实现学生的全面发展。

（二）建立师生和谐的体育教学环境和良好的教学气氛

愉快、轻松、平等的教学环境可以有效提高学生的体育学习效果，教师在体育教学过程中应该积极主动地营造和谐、活泼、轻松、民主的教学气氛，提高学生学习的主动性和积极性，让学生在愉快、活泼的环境中参与体育活动，让学生更加深入地体会参与体育学习与活动的娱乐性、重要性，更好地让学生保持对体育的兴趣，发展学生主动探索体育的求知欲，以及在实际生活中运用体育和创新性地发展体育技术技能的能力。师生间的良好沟通和交往是建造良好教学环境的基础。新时期教学改革要求教师转变角色，观念上要变"以教师为中心"为"以学生为主体、教师为主导"，树立教学为学生服务的理念，做促使学生积极参与体育课程学习，大胆创新的引导者，在学生、教师之间建立平等的关系，从而高效地实现体育教学目标、实现学生个性的全面发展。

（三）建立全面合理的体育课程评价体系

所谓体育教学评价就是根据体育教学大纲、学科目标，运用课程评价方法和手段对体育教学活动和效果进行整体价值判断的过程，并根据结果反馈对体育教学各个部分进行及时修正，从而获和总结取成功的教学经验，更好地促进体育教学实施。体育课程评价体系包括体育课程内容和环境的评价、体育课程组织形式评价、教师和学生的学习评价等内容。教学评价的意义在于通过对教师教学能力、态度和效果以及学生学习能力、态度和效果的评价，让师生及时发现教学和学习过程中存在的不足并及时纠正，从而高效地完成教学任务。

体育课程教学评价方法以及内容要尽量做到全面科学，体育课程评价要做到从终结性评价向过程性评价转变；在评价主体上，将忽视学生评价向教师、学生等多方面共同参与评价转变；在评价方法上，将传统单一评价向多样化评价方向发展，真正发挥体育课程教学评价的诊断、反馈、定向、证明和教学等功能，促进学生主体性地位的发挥，让学生积极主动地参与到体育课程学习，真正保证学生在体育课程教学的主体地位。

（四）注重学生体育课程学习的情感体验

学生在体育课程学习的过程中，体育学习的情感体验和自身机体能力的变化有着非常密切的联系，两者是相辅相成、缺一不可的统一整体。良好的情感体验来自机体实际的体育活动参与，生动、活泼的学习内容和形式能够充分调动学生积极主动参与的热情，激发学生体育学习的兴趣。良好的身体体验能够实现精神情感上的满足，机体活动越激烈，情感体验越明显。体育运动激发出情感方面的体验，增加了学生对体育知识技术的探索欲望，为学生养成终身体育意识、形成未来良好运动习惯上打好基础。教师的情感直接影响着学生的情感体验，教学不仅要实现体育课程内容与形式的多种多样，还应与学生进行积极的情感交流，时刻注意学生的情感变化，及时化解不好的情绪，使教师和学生的情感在体育课程学习过程中产生强大的凝聚力，以求高效、高质量地完成体育教学目标。

新课改一直在强调学生的主体地位，其实学生获得主体地位的前提是教师的主导作用得以充分发挥，两者关系平衡才能激起教与学两方面的积极性，获得极佳的教学效果。体育课程教学中，保证学生主体地位的核心目标是引导学生学会体育锻炼，提高运动能力，增强体质。教师学生主体意识方面应做到，在体育教学过程中要考查学生的认知现状、身心特征、教学环境，从而科学合理地安排教学内容，组织教学形式，为学生创建积极主动、轻松活泼的体育学习氛围，发挥学生主观能动性以及探索精神，促使学生主体地位得到全面保障。另外，教师可以适当地让学生自主选择教师、项目内容以及学习时间和学习地点，只有在体育学习中为学生提供更多的选择，才能充分激发学生的主体意识，才能激发学生的创造性，才能全面发展学生的个性。学生的主体地位必须要在教师正确的指导下才能很好地建立，学生主体地位不是说说就能实现的，需要政府、社会、学校、教师等方面的共同努力。为了培养更多的体育人才，为了中国未来的体育事业，教师应摒弃旧思想接受新思想，认真贯彻课程改革目标，真正做到"以学生为中心"，为国家培养更多身心健康的、心理成熟的、技术全面的、社会适应能力强的全面发展的体育人才。

第五章 高校体育教学渗透心理健康教育

第一节 高校体育教学渗透心理健康教育的含义与作用

一、高校体育教学渗透心理健康教育的含义

高校体育教学渗透心理健康教育,是指高校体育教师在体育教学过程中、有意识地运用心理学的原理与方法,在授予学生体育知识、运动技能、发展学生智力与创造力的同时,维护和增进学生的心理健康,引导大学生形成健全人格所采用的教学方法。

在体育教学中实施心理健康教育,就是在体育课堂教学中有目的、有计划、有组织地对学生的心理健康施加积极影响的教育过程。体育教学渗透心理健康教育,要求在体育教学目标的确定、课程的编制、教材内容的取舍、教学方法手段的选择上,既要符合社会发展的要求,又要符合大学生发展的年龄特征;既要考虑知识技能的传授,又要考虑到大学生各种心理品质的发展,由于高校体育具有自身的特点,因而,在教学中还要考虑大学生身体素质、生理状况,以及运动技能的掌握情况,合理地安排运动负荷与体育渗透心理健康教育的内容。

二、高校体育教学渗透心理健康教育的意义

(一)拓展了大学心理健康教育的空间

学校心理健康教育的开展需要通过多种方式和途径全面渗透,换句话说,心理健康教育应渗透和融合到整个学校教育的全过程,利用各种教育活动对学生进行心理健康教育,既要加强消极的心理卫生教育,即出现心理问题及时疏导,也要重视积极的心理卫生教育,即增强心理免疫能力,提高心理健康水平,使心理健康教育真正落到实处。高校体育是学校教育的重要组成部分,体育教学对学生心理健康的影响有着不可低估的作用。锻炼愉快感的获得是一种积极的情绪体验,可以加强锻炼者控制能力以应付不良的刺激。这种由生理变化而引起的心理变化,沉淀起来有利于形成乐观进取、开朗豁达的

良好性格。20世纪80年代后期以来，国内外日益增多的研究的显示，体育活动对于人的心理健康具有明显的积极影响，增进大学生心理健康应是大学体育改革实现基本目标之一。通过体育活动促进学生心理健康，既是现代学校体育教育功能的体现，也拓展了大学心理健康教育的空间，有利于学生养成乐观向上的积极心理状态

（二）加强了大学心理健康教育的针对性

就大学当前所开展的心理健康教育形式而言，不论是开设心理辅导教育选修课还是进行专题讲座，所针对的都是一些大学生常见的心理问题，无法根据不同大学生的不同状况因材施教，如不同性别、不同体质、不同心理状态的学生等。虽然个别心理咨询能在一定程度上弥补这方面的缺陷，但心理健康教育的性质决定了它的受益面只能是某些问题较大、困扰程度较强，且积极主动接受心理辅导的学生。通过体育课程进行心理健康教育首先从制度上保证了所有学生都能够接受教育，覆盖面广；在授课形式上，体育课程也有着其他课程无法比拟的优势，一般课程往往受空间、时间及教育资源的限制，师生间的心理距离较大，阻碍了师生间的沟通交流，不利于心理健康教育的开展，体育课程特殊的上课形式、独特的师生交往方式、特别的教学内容，为教师有意识、有目的地针对不同类型的学生进行心理健康教育提供了便利，强化了心理健康教育的针对性。

（三）丰富了大学生心理健康教育的形式

大学开展心理健康教育的教学形式主要有理论说教、言语疏导等，体育课程变化多样的教学内容则为心理健康教育提供了丰富的教学形式和教学资源，不管是个人项目还是集体项目，无论是速度项目还是耐力项目，无论是比赛还是游戏活动，都为心理健康教育提供了无限的可能。它不仅能使学生在各种不同的运动中体会竞争和合作，实现自我感悟，加深对集体、规则、秩序、策略的理解等，而且能让学生在活动中体验成功与失败，在成功中培育自信，在失败中感受挫折，在挫折中磨炼意志，提高心理承受能力，从而达到提高大学生心理健康水平的教育目标。这种融心理健康教育于体育教学过程的形式，更容易为大学生所接受，教育效果也要比单纯的说理更显著。

（四）有利于提高大学生的心理素质

心理素质是指主体在心理方面稳定与否的内在特点，包括个人的精神面貌、气质、性格和情绪等心理要素，是其他素质形成和发展的基础。大学生求知和成长，实质上是一种持续不断的心理活动和心理发展过程。教育传递给学生的文化知识，只有通过个体的选择、内化，才能渗透于个体的人格特质中，使其从幼稚走向成熟。这个过程也是个体的心理素质水平不断提高的过程。大学生综合素质的提高，在很大程度上要受到心理素质的影响。学生各种素质的形成，要以心理素质为中介，创造意识、自主人格、竞争

能力、适应能力的形成和发展要以心理素质为先导。在体育教学中渗透心理健康教育，可以使大学生在复杂多变的社会环境中，保持良好的心理素质，这是大学生抗拒诱惑、承受挫折、实现自我调节的关键。

（五）有利于大学生潜能的充分开发

教育的目的之一就是要开发受教育者的潜能。良好的心理素质和潜能开发是相互促进、互为前提的，合适的教育为二者的协调发展创造了必要条件。人本主义心理学家罗杰斯认为教育的目标就是促进学生的发展，使他们成为能够适应变化、知道如何学习的"自由"人。这种人有以下基本特征：一是富有创造性；二是具有建设性和信任感；三是具有独立自主性。这种人也就是马斯洛心目中的自我实现者，主要表现为两个方面：一是完满人性的实现，指作为人类共性的潜能的自我实现；二是个人潜能和特性的实现，指作为个体差异的个人潜能的自我实现。人在犯错误后的羞愧感、遭到失败的耻辱感、成功后的自豪感以及对自己的满意感等由自尊而引起的情感体验无疑会成为一种前提性暗示，决定着人们的行为方向。通过体育教学培养大学生的健康心理，帮助主体在更高的层次上认识自我，从而实现角色转换，发展学生对环境的适应能力，最终使大学生的潜能得到充分发展。

三、高校体育教学渗透心理健康教育的作用

体育教学因其教学活动的动态性、身体活动的实践性、人际交往的交互性、心理操作的复杂性、心理体验的复合性等，帮助学生改善心理状态、有针对性地纠正心理缺陷、提高心理品质、克服心理障碍等等，具有其他教育无法替代的特殊作用，是最容易调控、最现实的心理健康教育工具。

通过体育教学使每一个学生都了解自身的智力与个性特点，掌握心理健康的基本知识，学会简单的心理调控方法，形成良好的心理健康素质。这些良好的心理健康素质包括：自强不息的人生态度，积极进取的成就动机，勇于冒险的创新精神，高瞻远瞩的预见能力，富有弹性的适应能力，百折不挠的抗挫折能力，强弱适度的情绪反应能力，善于与人相处的交际能力，自我调控的行为能力，健全和谐的人格系统。

（一）对健全学生人格的作用

由于大学生在体育学习中对自己认知、情感、意志、能力、性格等心理上的缺点认识得深刻而相对又具体，为了完成体育学习任务和服从集体利益，大学生也会自觉地提高自我教育的自觉性，增强自控能力，这就有利于形成活泼开朗、勇敢果断等良好性格，矫正懒惰散漫、胆怯懦弱等不良性格。日本学者小林晃夫和松田岩男通过研究发现，运

动能力发展好的、经常参加体育活动的学生，心情变化少，自卑感弱，情绪稳定，精力充沛，能与人很好地交往，社会适应能力良好；运动能力差的、较少参加体育活动的学生，缺乏耐力，也会出现较多的其他问题。

（二）对调节情绪、情感的作用

在高校体育教学中，大学生通过身体活动能够体验到社会现实中不易体验到的积极情绪，可以满足大学生合理的欲望，使受挫折后产生的不良情绪通过躯体活动得到宣泄、转移和升华，有助于大学生的身心健康发展。相关研究表明，体育活动能改善自我概念，有利于培育大学生的自信心，能陶冶大学生的情操。体育活动能带来流畅的情绪体验，能培养大学生的主体意识和活泼愉快、积极向上的精神。学校体育对大学生的高级社会性情感，如道德感、理智感和美感的发展也具有积极的影响。

（三）对促进智力发展的作用

古希腊罗马时期亚里士多德就指出，在体育上，实践必须先于理论，身体的训练应在智力训练之先。从现代科学的观点来看，体育之所以能发展智力主要有两个方面的原因。首先，体育锻炼能促进内脏器官功能增强。例如经常进行体育锻炼的人，其心脏脉搏输出量就增加，即每次心脏跳动能给大脑提供更多的血液，有助于智力活动的进行。其次，体育锻炼能大大改善和提高中枢神经系统机能。苏联学者列斯加夫特认为，人的脑力与体力之间存在紧密的联系，脑力的发展要求体力有相应的发展。这样才能使大学生手脑并用，学会运用和创新知识技能。

（四）对锻炼坚强意志的作用

体育活动中任何运动都是学生依靠自身力量完成技术动作的过程，尤其是在复杂的、难度较大的运动项目中更是如此。没有对自身力量的高度自信，没有坚强的意志，就无法发挥全部的身心力量去完成任务。在高校体育教学中，大学生经过自己的努力，完成具有一定难度的动作后，成就感便会油然而生，这对提升大学生的自信心、培养勇于拼搏和创新精神、锤炼坚强的意志、陶冶情操都具有推动作用。成就感是一种强化力量，可推动大学生努力争取更大的成功。这种积极进取的精神，对于在日常生活、学习中累遭挫折，经不起困难考验，不能始终如一的大学生来说，可以培养他们的勇敢精神、坚强意志、自信心、进取心和争取胜利的决心。

（五）对培养竞争意识与合作精神的作用

体育活动以其丰富多彩的内容和激烈刺激的竞技抗争形式吸引着人们的参与，在体育活动与竞赛的全过程中，始终贯穿着竞争与奋发向上的精神。包括在一般的体育游戏中，也充满着你追我赶、争强取胜的竞争。经常进行体育锻炼和体育游戏可增强人们的竞争意识和进取精神。一些集体性的体育活动，由于抗争激烈、集体配合性强，在活动中不仅要充分依靠参与者的身体机能、技术和心理能力，而且需要大家同心协力，默契配合，相互理解，才能取得一定的成效。因此，体现活动可有效地培养现代人的竞争意识与合作精神。

（六）对改善人际关系的作用

体育活动有利于学生社会交往和人际交往能力的培养。社会学家调查证明，经常从事体育运动的学生比一般学生会参加更多的社会活动和社会组织，在这些活动中，学生的个性可以得到充分的调整与发展。体育活动是一种很好的人与人之间相互交往形式，是改善人际关系的良好机会。体育教学中，师生之间、学生之间交往极为密切，次数之多、频率之高，是其他学科所难以达到的。这种交往不仅能传授知识、技能，促进身体发育，而且能增进相互理解，通过彼此交换意见和看法，能增强亲近感。体育教学中的人际关系交往与一般人际交往不同，它不涉及其他方面的问题与利益，不必借助更多的书面语言和口头语言，因而可缩小彼此间的心理距离，易于消除隔阂，坦诚相待，从而实现心理相容，改善人际关系。

（七）对提高适应能力的作用

体育教学内容广泛，活动项目繁多，场地器材多种多样，教学环境可变性较大，且教学方法较为复杂。在体育教学活动中，既有理论知识的讲授，又有运动技术的分析；既有动作示范、练习、帮助，又有保护、达标、技评。在体育教学活动中，学生的体力、智力、情绪等都处于一个积极的活动状态，或紧张，或兴奋，可以让学生更好地体验到纷繁复杂的环境变化，逐步锻炼和培养对复杂多变环境的适应能力。

（八）对思想品德教育的作用

个体良好的品德形成不但与学生的理想、信念有密切关系，而且与体育等实践性较强的教学活动紧密联系。因此，体育教师要在钻研教材教法的基础上，明确教学目的，结合教材特点与学生实际，寓思想品德教育于体育教学和体育活动之中，注重团队精神的养成，培养学生为社会主义现代化建设锻炼身体的意识，增强社会责任感，树立集体主义精神。注重意志品质的磨炼，发展大学生的良好个性，陶冶美的情操，使大学生养成文明的行为习惯。

第二节　高校体育教学渗透心理健康教育的目标与过程

一、体育教学渗透心理健康教育的目标

（一）科学地确定目标的意义

教学目标确定的是否科学、合理，一方面，直接关系到高校体育教学内容、方法和手段的选择与运用；另一方面，关系到高校体育课程的发展方向，影响着人才培养的质量和规格。随着体育教学改革的深化，体育教学目标已由单一的生物体育观发展到"生物—心理—社会"的三维体育发展观。体育教学目标也从过去的增强体质、增进健康、掌握"三基"等发展到现在的开发学生身心潜能、增进学生心理健康、促进个体社会化，以及培养创新精神与创新能力等一些符合学生身心发展和社会需要的新的教学目标。体育教学作为实现学校体育教育目标的主要途径，是一种有目的、有计划、有系统的活动，其目的性、计划性、系统性主要反映和体现在教学目标上。体育教学目标是体育教学的方向和灵魂，决定着教学内容、教学过程、教学方法、教学评价和教学效果，是影响教学全局的根本问题。

过去高校体育教学目标只简单地定位于体育知识、技能的传授和体质的增强等方面，忽视了对大学生心理潜能的开发、心理素质的培养和心理健康的维护，而这些正是它种种弊端产生的根源。因此，科学地设定高校体育教学目标，将心理健康教育真正融入高校体育教学目标之中，是时代发展的要求，是推行素质教育、全面提高教学质量的需要，也是学生个人自身发展的需要；还是体育学科渗透心理健康教育，提高大学生心理素质的前提条件。

（二）科学地确定目标的要求

高校体育教学渗透心理健康教育目标的设定应做到科学、合理。具体来说，其科学性与合理性应符合以下几点要求。

1. 自然性

心理健康教育是体育教学本身所蕴含的（直接或间接的），而不是脱离教学、外在强加的。也就是说，它不是一种附庸的、牵强的，而是分内的、自然的，如果硬要贴标签式地进行心理健康教育，那就难以真正达到预期目标。

2. 针对性

高校体育教师要充分了解所教班集体每个学生的心理状况，了解学生的共性心理与个性心理，有差异性、针对性地设定心理健康教育目标，切不可套用固定的模式。

3. 整合性

通过体育教学达成心理健康教育目标，不应是径直的、外露的、赤裸裸的，而应是曲折的、暗示性的。简言之，心理健康教育目标的达成可以与知识技能传授同时完成，可以是在教学过程中产生心理健康教育的效果，还可以是在美的体验和愉悦中净化心灵。因此，目标的设定不宜过"实"、过"板"、过于"线性化"。

（三）认真做好教学设计

1. 要合理选择教学方法

在教学方法方面，要根据学科内容的需要，采用多种方式，充分利用现代体育教育方法，使大学生在浓厚的兴趣下积极主动地参与到学习中来，防止疲劳和厌学情绪产生；在教学目标上，要根据大学生的年龄特点，在传授知识技能时，指导大学生养成良好的学习与运动习惯，形成科学有效的学习方法和体育锻炼方法，培养创新能力和运动能力。

2. 要合理运用教学组织形式

由于体育教学需要承担一定的生理负荷，所以在教学内容、方法与教学组织形式的选择上，要考虑大学生的身体素质和心理特点；在组织形式上，采用符合大学生心理特点的形式，灵活安排教学内容的组织形式，使大学生在轻松愉快的学习中得到熏陶。

3. 要树立正确的教学理念

编制教学设计时，要讲究渗透原则，即适时、适度、有机渗透的原则。也就是说，在体育教学设计中，切忌唱高调，一味强调道德信仰，忽视道德行为、习惯的培养，特别是要树立以人为本的全面发展理念。

二、体育教学渗透心理健康教育的过程

高校体育教学中渗透心理健康教育的过程就是心理健康教育在体育教学中具体的实施过程。这种渗透事实上是无处不在、无时不有的"常规工作"，是体育教学渗透心理健康教育的重要环节。

（一）选择恰当的模式

心理学家勒温·李皮特提出了三类领导方式，即民主型、专制型和放任型领导方式。当教师的行动更民主时，课堂心理气氛就更加活跃，教学效果也会得更好。因而，民主型管理方式应该是体育教学渗透心理健康教育的首选课堂管理模式。这是因为民主型管

理方式比较容易营造师生之间平等、民主、合作的氛围，易于缩小师生之间的心理距离，学生具有较高的安全感和自主性，师生之间的互动也较为自然、和谐，这样学生能从中吸取的积极的心理成分也就大大增多，资源性的心理伤害相对减少，有利于大学生的心理成长和心理健康。

（二）营造良好的心理氛围

课堂心理氛围是指班集体在课堂上的情绪、情感状态，这种状态是学生接受教与学最重要的心理基础，是影响学生心理健康的潜在教育因素。美国教育心理学家华尔特（Waller）曾指出："教师工作本质上就是推销工作。因为教师要想方设法说服学生，使他们相信教师所传授的这一学科是具有价值的，是值得学习的。"为此，在课堂教学中，教师应在坚持愉悦性、激励性、差异性和支持性等心理卫生原则的前提下，在精心组织教学内容、积极改进教学的心理卫生原则的前提下，着力于通过精心组织教学内容、积极改进教学方法、精心设置问题情景等引发学生的兴趣，寓教于乐，鼓励成功，通过平等、民主、合作的师生关系带动课堂的良好气氛。要大力优化教学情境，建立宽松、和谐的师生关系，使学生在愉快、有安全感、没有太大心理压力的课堂气氛中去学习与锻炼。只有这样，课堂教学才有助于学生形成积极的学习态度、正确的学习动机、愉悦的学习情绪，保持高度的学习注意力。

（三）形成有效的管理

形成有效的课堂管理则是具体可操作的，这种操作涉及课堂秩序的建立、课堂活动的组织与反馈、课堂中的鼓励与批评、表扬与惩罚、课堂中学生行为问题的处理等诸多问题。这些方面的有效管理也是落实课堂教学中渗透心理健康教育的重要途径。比如在课堂秩序建立方面，埃默（Emmer）等人对成效好和成效差的教师进行了对比研究，结果发现这种差异对学生的行为、成绩有明显的影响。无数教育实践已证实，教师在课堂上如何使用以及能否正确使用奖励与惩罚手段、教师能否使用恰当的策略处理学生的课堂行为问题等，都会对学生的心理成长和心理健康产生不同程度的影响。因此，教师应在正确的指导下，充分利用心理学与教育学的有关原理和知识，努力形成促进学生心理健康的行之有效的课堂管理方法。

（四）构建大学生良好心理素质的体育教学体系

1. 以课堂教学为基础，提高体育课程在培养大学生心理品质上的实际效果

在理论课程设置上，应增加"心理健康与心理保健""心理健康评价""身心健康理论"等课程，使学生获得基本的心理知识，为提高心理素质奠定理论基础。在实践课程设置上，也必须把培养大学生的心理品质作为重要目标，赋予每一门实践课程以培养学生心

理品质的功能，如通过健美课程，使学生感受到青春的活力和生命的蓬勃，增强自信心；通过篮球、排球、足球等群体性课程，培养学生的集体荣誉感，增强团结合作意识；通过跨栏跑、三级跳远、撑竿跳等一些高难度课程，培养学生迎接挑战的信心与勇气；通过铅球、铁饼等体现力量美的课程，培养学生吃苦耐劳、顽强拼搏的意志。体育教学中，要达到促进学生心理健康的教学目标，教学方法和组织形式的选择运用是关键。以往教师在教学的过程中，关注的是学生体育技术、技能的掌握情况，忽视了对学生心理素质的培养。因此，必须改变这种以教师为主体的灌输式，只注重技能教育目标忽视心理教育目标的单一性的教学方式。应把培养学生的心理素质考虑进来，在教学方法和组织形式的运用上，要多为学生提供主动参与的机会，引导学生积极主动地参与体育教学，为每个学生提供自我表现和发挥创造力的机会。要多让学生体会到体育课程的乐趣，体会到成功的满足感和成就感。要尊重学生的个体差异，坚持因材施教、分层教学，让处于不同层次、不同水平的学生都能体验到运动的快乐和成功的自豪感，特别是让那些身体素质较差、心理素质较差、容易自卑的学生体验到体育运动的乐趣和成就感，使他们走出阴影，增强自信心，把从体育课程中获得的自信心带入学习、生活的各个领域，使身心素质都得到明显改善与提高。

2. 以课外活动为依托，发挥各类体育活动在培养大学生心理品质上的积极作用

体育教学中大学生体能的增长和心理健康水平的提高，仅靠每周的体育课程是难以实现的，还需要学生积极参与体育锻炼和课外体育活动，参与各类体育竞赛，因此需要课内与课外紧密结合、校内与校外紧密结合。

3. 重视体育教学在课程资源开发与利用中的积极作用

课程实施是课程开发与利用中重要的一环，体育教学活动作为体育课程实施的主要途径，无疑在课程资源的开发与利用过程中起着不可忽视的作用。因此，要关注作为整体教学的实际运作，重视体育教学在课程资源的开发与利用中的积极作用。这就要求教师在教学中，结合学校的实际和学生的经验与体验，依据一定的目的对课程资源进行选择、组合、改造与创造性加工，从而使课程资源的开发与利用落实到体育教学的层面。

4. 对课程资源进行挖掘，扩充体育教学内容

体育教学中体育教师要尽量发掘和利用贴近学生社会与现实生活的体育素材，从课程资源中挖掘出更加丰富的内容，引导学生将书本知识转化为实践能力，使学生从生活中受到相应的教育。一方面，要建立合理的教材结构，总结旧教材的优缺点，为新教材提供经验支持；另一方面，要因地制宜地根据学生的情况和教学任务选用和创编教材、延伸教材。民族传统体育和民间体育活动项目，都是体育与健康课程应当大力开发和利

用的宝贵资源。开发利用和挖掘民族传统体育，不仅可以弘扬民族文化，振奋民族精神，而且能够丰富教学内容，活跃课堂气氛，增进学生的身心健康。

5.加强信息技术与体育教学的整合

现代信息技术与体育教学的整合，既是现代体育教师应具备的基本能力，也是充分利用现代体育教学资源的重要途径。图书馆藏有大量体育图书、体育历史资料，它们包含大量有价值的体育知识和技术；网络能提供新鲜的体育新闻、最新体育动态，而且网络上有许多有价值的体育评论，也有实用的体育健身知识、运动处方；多媒体能有效地宣传体育，辅助体育教学。比如武术套路，篮、排、足的攻守技术，都可以利用多媒体进行教学。这些课程资源的开发和利用都能丰富体育课程内容，优化体育课程，促进体育课程的发展。

第三节 高校体育教学渗透心理健康教育的内容与方法

一、高校体育教学渗透心理健康教育的内容

（一）体育学习心理教育

提供优质的体育学习心理教育旨在协助大学生开发体育学习潜能，掌握科学的学习方法与策略，增强体育学习效果，纠正不良的学习心理与行为习惯。

1.体育理论常识教育

大学生活泼爱动，有很强的求知欲望，正处在青春发育的关键时期，学校体育应开设基础运动心理学。公共体育课应在对学生进行体育知识传授的同时，讲解一些国内外的体育形式、体育新闻、竞赛和裁判（规则）知识等。增设体育保健、体育卫生、体育锻炼中的自我监督与评价及心理健康知识方面的内容。普及体育常识，对学生进行心理健康教育，让学生了解心理健康的重要性，提高自身的调节和自控能力。

2.学生兴趣培养教育

兴趣是力求探索某种事物或进行某种活动的倾向，对于人的认识和活动都有着非常重要的作用。兴趣作为一种自觉的动机是学生从事活动创造性发展的重要条件。学生的学习兴趣一旦被激发，从生理上、心理上得到某种满足，他们就会产生聚精会神的注意、兴奋及坚强的意志力。笔者在教学中发现学生每次上课时，开始惰性很大，情绪低落，跑起步来腿沉重地拖在地面不愿抬起，于是作者在做准备活动中选择一些和教学有关的

趣味性体育游戏,培养学生的体育兴趣,调节教学氛围,以改善学生的心理环境,使学生的情绪被逐渐调动起来,达收到了良好的教学效果。教师应不断地改进和创新教学方法和手段,启发和引导学生发现问题和提出问题,激发他们的思维活动,使他们带着求知的渴望和明确的目标用"心"去学。在教学中应充分发挥学生的主体地位,挖掘学生好动的天性和跃跃欲试的好动心理,抓住学生掌握动作后的自我欣赏、自我表现的欲望,及时恰当地给予评价,让学生体验到成功的喜悦和运动的快乐,使学生积极主动地参与到教学活动中,充分表现自我,从而激发兴趣,调动学生的积极性。

3. 培养适度的体育学习心理状态

教师在体育教学中针对大学生所产生的心理活动及行为表现的变化,实施心理激励调控和暗示调控,使大学生形成一种兴奋、好学的心理状态,从而诱发其内部"能源",最大限度地调动和发挥他们体育学习的积极性、主动性和创造性,增进学习效果。

4. 开发运动技能

开发运动技能主要通过良好的学习行为和心理能力的训练来实现。其操作程序包括提出要求,执行要求;重复练习,以熟练、自然、自觉为目标;正面引导,积极提供学生效仿的榜样;督促检查,帮助学生克服不良的学习习惯。

5. 开发学习动力调节系统

通过课程目标设置、创设情境、归因教育、积极反馈、价值寻求等方法,激发大学生参与体育学习、体育锻炼的动机;通过成功教学法、愉快教学法、需要满足法、兴趣教学法等,培养大学生参与体育的意识和兴趣,从而转变或改善大学生的体育态度,养成体育锻炼的习惯,使大学生喜爱体育,形成良性的体育心理状态。

(二)情绪、情感的调控教育

情绪与情感是伴随着认识活动而产生的一种心理活动过程。良好的情绪情感教育对促进人的品德、认知的发展以及促进身体健康成长具有积极的作用。反过来说,体育活动对人的情绪调节、情感的发展也具有积极的影响。

情绪是衡量体育活动对心理健康影响的最主要的标志,也是人的自然需要是否得到满足而产生的一种态度体验。情绪几乎与人的所有活动都有联系,对人的行为活动有着很大的调节作用。体育活动能直接给人带来愉快和喜悦,并能降低人们的紧张与不安,从而调控人的情绪,并达到心理健康的目的。研究发现,中等以上负荷强度的运动可以减轻情绪上的负担,甚至能减轻或消除情绪障碍。例如通过体育活动与体育比赛,可以合理宣泄不良情绪,消除心理紧张,放松身心,调节心理状态,维持心理平衡。又如参与跑步者在跑步过程中会出现一种情绪高潮,有人称之为"体育锻炼快感"。即在跑步中出现良好的身心状态,自身与情境融为一体,动作轻松,忘却自我,充满活力,超越时空障碍,在跑步后有全身放松的舒适感觉。体育运动能给人带来不同的心境,如主观良好感,兴奋、焦虑、紧张、自信等变化,在这个过程中,参与者能获得良好的心理效应和感觉。

在体育教学中,教师应当首先了解学生对自己从事某运动项目能力的最初评价,然后通过训练让学生更加客观地了解自己、评价自己,消除自大、自卑、抑郁等不良的情绪状态,从而形成适度的人生定位和自我概念。另外,在运动锻炼中总会不可避免地遭遇失败、面对失败,如何从中吸取经验教训,从失败的阴影中走出来,是每位学生必须体验的心路历程。体育教师在学生遭遇失败时,除了要给予一定的技能指导和及时的支持鼓励之外,更重要的是要教会学生自我激励,培养学生不要放弃和坚持不懈的意志品质,比如言语暗示"我能行,我肯定能行""这没有什么,只要我再坚持下去就没有什么好怕的"等。通过不断地失败、又不断地战胜失败的过程来磨砺学生的意志,通过"尝试错误"来促进自我发展,以提高大学生的挫折承受能力。还有,大学生在日常的学习和工作中,面对困难和挫折,总会或多或少地产生各种负性情绪,而负性情绪若积累过多,无法宣泄,势必影响人的身心健康。体育运动是宣泄负性情绪的重要方法,是合法且最不具破坏性的途径。因此,大学体育教学中,特别是对于高年级的学生,应当适当安排一些激烈程度较大、学生感兴趣的竞争性强的比赛或游戏,使大学生抛弃一切挫折烦恼,尽情地发泄,然后以更加饱满的热情、积极的心态投入到学习、生活中。

在高校心理健康教育中,为了实现培养学生的社会性情感品质和增强其情感调控能力的情感教育目标,情感教育应包括三个层次的内容:①情绪控制,即使学生学会控制激情方向、创造良好心境和锻炼应激能力;②情感引导,即将学生的热情和迷恋引导到有利于身心发展的方向上;③情操养成,即培养学生的道德感、理智感和审美感等。

(三)心理健康认知教育

对学生的认知教育一般可通过德育教育途径和心理健康途径来实施。体育教学中教师要有目的地从体育教材中挖掘有心理健康价值的相关知识内容,或根据教材的特点找寻一些资料,融入体育卫生、体育基础知识和保健知识的传授之中,认识和掌握心理卫生常识与心理保健知识,使学生了解并懂得健康不仅仅是躯体健康,还包括心理健康、社会适应良好和道德健康等方面;同时通过讨论、谈话等手段使学生能结合学校的德育和心理卫生教育融会贯通,明确体育是将心智和躯体统一起来的最有效、最容易调控的教育方法,体育学习、体育锻炼的最重要的目标之一就是保持和增进学生的心理健康,开发运动学习动力,培养适度的体育学习心理状态,能在较长时期内保持良好的心理健康状态，精神饱满地投入到学习中去。

（四）良好的性格和个性品质教育

性格是人对客观现实的稳固态度以及与之相适应的习惯化了的行为方式方面的心理特征。性格的形成是主体和客体相互作用的结果。每个人在社会实践中，通过认识、情感、意志等心理过程反映客观事物，并将自己的反映保存和巩固下来，形成个体一定的态度体系，并以一定的形式表现在个体的行为之中，构成个体一定的行为方式。可见，主体对现实的态度体系和行为方式，是性格的本质特点。

性格与人的思想品德是紧密联系在一起的。一个人如果不具备良好的性格，就谈不上先进思想和优秀品德的形成。要想成功地进行品德教育工作，必须以成功的性格教育工作为基础。

性格与知识学习也有密切关系。相关研究发现，性格良好的学生一般都有正确的学习态度，他们能认真克服学习中的困难，对生活中所遇到的不顺心的事也能妥善处理，不斤斤计较。他们能把主要精力放在学习上，学习成绩较好。

性格教育的内容包括两个方面：一是培养学生良好的性格特征；二是帮助他们矫正不良性格特征。两者可以统一在形成学生良好的性格结构之中。

良好个性的最佳特征之一就是创造性地发展，因此，个性的日益发展是社会发展的一种需要。从个性的形成过程看，马斯洛认为："人的个性发展的最完善、最高级的形式，就是健康的个性。"所谓健康的个性，从内部的心理机制来说，是一种与生理和谐发展的个性；从外部活动的效能来说，则是一种富有高度效能的具有创造性的个性。因此，发展健康的个性十分必要。

体育活动对学生个性发展起着积极的促进作用。体育是人的独立行为活动。社会心理学家认为：研究个性不能离开活动，人的个性在任何方面都不是先于人的活动而存在的，个性也和人的意识一样，产生于活动。体育教学中，学生是活动的主体，学生不像在其他教学中那样，被固定在课桌前，他们可以在一个较为广阔的领域尽情游戏、运动、竞赛，他们的身体直接参与活动，其思维活动与机体活动紧密结合，他们的个性可以充分地显示出来，可以在活动中得到充分发展。

体育运动是陪伴一个人终身的一项活动，它与人的关系密切程度往往超过其他活动，因此，它对人的个性的塑造是长久和稳定的。一方面，个性有选择活动的作用，另一方面，运动又在改造着个性。尤其是对人的性格、意志、情感等心理特征和观察判断、思维等智力特征都起着重要的积极作用。同时，体育运动给学生提供了较多的选择机会，学生可以从中尝到成功的喜悦和得到尊重的心理满足，从而证明自己的能力，增强其自信与自尊，使个性得到充分的调整和发展。众多的体育运动项目可供他们选择，在"合理的位置"中扮演一个"角色"，这种方式上的差异，可以加深个性的差别。

（五）意志品质的培养教育

培养良好的意志品质是高校心理健康教育的重要目标，高校心理健康教育的目标是帮助学生提高承受挫折的能力，培养良好的意志品质，即培养意志的独立性、果敢性、坚毅性和自制力等品质。

体育是以克服一定困难和障碍为特征的身体活动。体育运动常常意味着竞争，意味着达到某一级运动水平或体育锻炼标准，而这一过程则要求学生付出努力与汗水。体育活动的激烈与艰辛，使得参与者必须承受一定的生理负荷和心理负荷，才能磨炼出坚强的意志，这样才能为取得胜利付出极大的努力。

在体育教学中，通过体育锻炼培养学生自觉性和主动性、果断性和勇敢顽强的意志品质，首先，就要为学生确定科学的目标，根据学生的体质现状、素质能力等实际情况，采取相应的教学方法和手段，每次练习都要讲求实效，使学生看到自己的进步，增强克服困难的自信心；其次，要严格要求，在向学生提出要求时，目标必须明确合理、态度严肃认真，这样有利于激励学生完成任务，注意准确把握其心理状态和不同个性特点才有可能被学生所接受和理解，把目标转化为学生的自觉行为，从而克服困难，排除障碍完成任务；最后，要善于利用教材的特殊性来磨炼学生的意志，比如耐久跑能锻炼学生顽强、持久的意志品质，体操能培养勇敢果断的作风，球类比赛能培养学生的独立个性和团结奋斗的集体主义思想，提高应变能力，等等。

（六）耐挫能力的培养教育

所谓耐挫能力，又称为挫折的耐受能力、挫折承受力、挫折容忍力等，是指个体对挫折可忍耐、可接受程度的大小。人生的航程并不总是一帆风顺，会遇到各种困难、阻碍和挫折。但怎样对待挫折情境以及对挫折的耐受能力如何，人与人之间存在较大差异。有的人能忍受严重的挫折，坚韧不拔、百折不挠；有的人稍遇挫折即意志消沉、颓废沮丧、一蹶不振；有的人虽然能忍受各种严重挫折，但却不能忍受自尊心所受到的伤害，等等。如果学生面对挫折能忍受、能超越，有一定的耐挫能力，其人格发展就会日趋成熟，其心理就会逐步进入一个健康而稳定的发展时期；反之，就会心理适应不良，乃至产生各种心理健康问题和越轨行为。正因为这样，耐挫折能力的培养，是高校心理健康教育的重要内容之一。具体内容包括要使学生形成对待挫折的正确态度；要培养学生良好的意志品质；要培养学生对挫折的容忍力和超越力。

（七）竞争意识与合作精神的培养

由于体育活动本身就具有竞争性的特点，在体育活动中，或是同时唤起合作与竞争的行为，或是交替地引起合作与竞争。体育活动正是以竞技抗争的形式和丰富多彩的内容吸引着人们前来参与，在体育活动与竞赛的过程中，始终贯穿着合作、竞争与奋发向上的精神。一些集体性的体育活动，由于抗争激烈，集体的配合性强，在活动中不仅要充分发挥参与者的身体机能、技术和心理的能力，而且需要大家同心协力、默契配合、相互理解，才能取得一定的成效。因此，体育活动竞争与合作的特点，对培养学生勇敢进取的精神，激发个人动机，提高学习与工作效率，树立远大志向，形成健全的个性有着非常积极的作用。通过这类的体育活动，也可以有效地培养现代人在竞争中善于与人协作共事的群体意识和团队精神。

（八）人际关系指导

人类的心理适应最主要的就是对于人际关系的适应，人际关系是影响一个人的心理是否健康的重要因素之一。因此，人际交往对于大学生的健康成长具有特殊重要的意义。随着社会经济的发展以及生活节奏的加快，许多大学生越来越缺乏适当的社会关系，人与人之间的关系也趋向于冷漠。

体育运动有利于大学生发展人际交往能力。体育活动是一种人与人之间相互交往的很好形式，能增加人与社会的联系。通过参加体育锻炼，会使个体社会交往的需要得到满足，丰富个体生活方式，这有利于消除工作、学习和生活等带来的诸多烦恼，消除精神压力和孤独感。

体育运动的魅力使人们冲破隔离和孤独，相聚在运动场，建立起平等、亲密、和谐的关系。学生在运动场上可以建立起伙伴、朋友关系。体育活动不分地位、贫富、职业与年龄等，同时体育活动常超越世俗的界限，让人们平等而真诚地为一个目标而奔跑，为一场比赛而呐喊、兴奋、激动。孤独、分散的人们，在运动场上相聚，重建人际关系。现代社会中，竞争是不可避免的，但人类还需要友谊、和谐与和平共处。体育运动，作为"理想的契约竞争关系"为人类提供了一个解脱困境的办法和重建人际关系的新模式。在体育竞赛中，良好的团队协作精神往往是比赛获胜的基础。所有这些都能使大学生的交往能力得以发展，人际关系得到改善。

人际关系指导的目的在于协调好人际关系。人总是在一定的社会群体中生活的，总是在不断的交往活动中从事工作、学习和其他社会活动。人际关系状况如何，对于人们顺利地完成活动任务，对集体的形成和巩固，对个体德、智、体诸方面的发展，均有深刻影响。我们认为，对学生人际关系的指导内容一般应包括以下六个方面：①调整认知结构；②克服人际偏见；③加强个性修养；④掌握有关知识；⑤学习交往技能；⑥掌握调适策略。

二、高校体育教学渗透心理健康教育的方法

（一）科学地设定体育教学目标

体育教学作为实现高校体育教育目标的主要途径，是一种有目的、有计划的系统性的活动，其目的性、计划性、系统性主要反映和体现在教学目标上。体育教学目标是体育教学的方向和灵魂，它决定着教学内容、教学过程、教学方法、教学评价和教学效果，从而影响着教学全局的根本问题。

在"应试教育"大环境下的体育教学目标只简单地定位于体育知识、技能的传承和体质的增强，而忽视了学生心理潜能的开发、心理素质的培养和心理健康的维护，而这些正是它种种弊端产生的根源。因此，科学地设定体育教学目标，将心理健康教育真正融入高校体育教育目标之中，是体育教学渗透心理健康教育、提高学生心理素质的前提条件。

（二）结合体育教学内容，加强学生心理健康教育

在教学活动中，结合体育教学内容，激发学生参加体育活动的热情，培养学生对体育活动的兴趣，调动学生学习的积极性，发展学生的智力，锻炼学生的意志品质，促使学生形成健康的情绪，以及提高学生的交往能力和环境适应能力。

（三）结合体育运动项目的特点，培养学生良好的人格品质

在体育活动中，结合体育锻炼项目的特点，加强心理引导，纠正学生的心理缺陷，培养良好的人格品质；结合体育运动竞赛活动的特点，培养学生的竞争意识和团结、合作与进取的精神。对于学生来讲，这是保持心理健康的一个重要途径，注意培养自己良好的人格品质，防止心理障碍与心理疾患的产生。

（四）构建良好的校园体育文化氛围，创造健康的教育环境

良好的校园体育文化氛围，丰富的体育文化活动使人心情舒畅、精神振奋、态度积极、生活充实。因此，在高校体育中，要开设体育选修课，成立大学生体育俱乐部，开展校际体育的交流，创造良好的校园体育文化环境，为大学生成长创造良好的教育与生活环境。

（五）加强体育教师的人格、德行修养，提高心理健康教育水平

加强体育教师的人格、德行修养，提高教师的心理健康教育能力与心理咨询、辅导水平，建立一支自身心理健康，懂得教育心理学专业知识，掌握心理辅导技巧和方法的

体育教师队伍，这是高校体育开展心理健康教育，提高学生心理素质水平的有效方法与手段。

（六）提高大学生心理素质的教育方法

1.确定教育目标，激发学生的求知动机

大学生的求知动机是推动学习活动的动力，对学习效果起着极其重要的作用。在体育教学中，如果针对大学生学习体育的心理行为特征确立体育教育目标，就能充分调动学生学习体育的积极性。在确定教育目标时，教师不要确定标准过高，甚至实现不了的目标，以免挫伤学生积极学习的心理。要向学生阐述学习体育的意义，把近期学习需要与将来从事工作的需要目标联系起来，把课堂体育教学与课外健身锻炼联系起来，把运动竞赛与维护集体利益联系起来，这样能有效地调动学生生理与心理潜力，促进学习成绩的提高。另外，进行目标教育要充满竞争活力，多用正误对比、经验交流等形式，激发学生的求知欲望，以此帮助他们形成持久的正确学习动机。

2.利用新异刺激，培养学生的能力

心理卫生学认为，大多数人都有心理上的"异性效应"，尤其是青年人更易在异性面前表现自己的聪明才能，努力克制和战胜自己的弱点。所以在体育教学时，教师应根据不同内容组织男女合练。例如上体育舞蹈课时可组织男女生对练；上田径课时可组织各种形式的跑、跳、投等练习；教学比赛时可让男女学生混合组队比赛，这样可使大学生在异性面前抑制自己的不良行为，弘扬良好的思想品质，培养并发展他们健康向上的人格。体育教学必须与健康教育紧密地结合，对健康教育的重要性、必要性和紧迫性应引起高度重视，构建以学生为主体，以增进学生身心健康为核心的课程体系，改变传统以竞技体育为中心的体系，注重教学内容的娱乐性、健身性、文化性和兴趣性，通过体育的特殊功能，提升大学生的心理健康水平。

现代体育教学不仅是体育知识、技能的传递过程，而且也是一种情感的交流过程。课堂知识、技能和情感在师生之间的双向流动，有利于师生双方思想的共鸣。教师要抓住体育教学过程的这个特点，努力创设良好的教学情境。我们在选择教学内容和教法时，要考虑学生的体育兴趣、爱好和认识水平，注意突出一个"新"字。因为新异事物可以引起学生的探究反射，便于学生对体育知识、技能产生更高水平的定向。如果体育教学内容和方法枯燥乏味，长时间的单一刺激，易使学生引起超限抑制，会让学生产生逆反情绪，降低学习兴趣。只有采用新颖、实用、丰富的体育教学内容，生动、多样、活泼的教法，才能引起学生的注意，使学生不断地获得新的体育知识、技能。比如在发展学生的下肢力量素质时，就可围绕活动身体这一部位的任务，创造出多种发展下肢力量素质的练习形式。这就要求体育教师不断更新知识，了解本学科发展的前沿，争取把最新的体育知识、技能带进课堂，运用体育知识教学的言语之趣、技术动作之趣、游戏和竞赛之趣来启发学生练习、思考、探索，努力培养学生的创造能力。

3. 采用教学比赛，培养学生的意志

体育比赛不仅是学生身体和运动技能的竞争，更是双方心理、智慧和意志的较量。激烈的拼搏需要学生身体、认识、情感、意志等方面综合发挥内在力量进行工作，显然，它可以促进学生心理品质的发展。例如在排球比赛中，某队学生为了争取主动，在对方采取多变战术强力进攻的情况下，必须千方百计地运用耐力、速度、协调、灵活等素质，动员全身的力量来努力获得竞赛中的优势。与此同时，心理因素，特别是意志的力量起着巨大的积极作用。比如意志的坚定性、果断性、勇敢、自信、自制力等的影响，使行动计划付诸实践。没有坚强的意志，就不会在艰苦、紧张的比赛中保持旺盛的斗志去争取比赛的胜利。因此，运用教学比赛是发展学生意志品质的最佳手段。

4. 巧用注意方式，调控学生的情绪

学生在体育活动过程中能调节和控制自己的情绪，用理智驾驭情感，而不做情感的俘虏，这是良好心理状态的表现。对正常的情绪可进行适当合理的宣泄，对不良情绪要控制。比如在挫折面前，以对事物的理性认识来控制，以其他有意义的活动来转移注意力，使情绪缓解。在失败面前宽慰自己以减少内心的失望，或以幽默的方式来超然洒脱地对待窘迫尴尬的场面。另外，当学生在运动练习中因情绪波动而产生紧张心理时，要教育学生摆脱心理压力，使学生适当休息与放松。例如，采用心理自我调节训练，就是帮助学生进行心理与身体放松的好方法。

5. 运用迁移规律，培养学生良好的个性

体育学习迁移指的是在体育教学中，学生已经学到的知识、技能以及方法、态度等对学习新知识、新技能的形成产生积极影响。例如在篮球课中，当学生学会了双手胸前传球之后，就比较容易学会双手胸前投篮动作；如果学生已经掌握了联防战术，再学区域联防战术时就很容易。这种运动技能的迁移现象叫做正迁移。已经掌握的体育技能对学习新技能的形成产生消极影响，阻碍新技能的掌握，就称为技能的干扰，又叫负迁移。在体育课上，教师正确运用技能迁移规律有助于顺利地完成教学任务。

个性是学生精神面貌的具体表现，它的形成依赖于先天遗传因素，但主要还是靠后天的生活环境去培养和发展。每个人的生活情况不同，学生在心理上的个性表现也有差异。体育教学环境本身能够为学生提供发展良好个性品质的有利条件。例如教育活动的内容不同，可以培养学生不同的个性能力，如运动感知觉能力、观察分析能力、注意力和丰富的想象力以及比赛情况下所形成的特殊性格特征、自信心、稳重、冷静、机智勇敢、协同作战等。这些都是促进学生个性发展的重要因素。

在体育教学中，运用迁移规律培养学生的个性品质，可以借助其他活动的心理动机，促使学生对体育产生直接兴趣；可以利用某学科的专业活动需要依赖体育的关系，把学习心理迁移到体育运动上，来重点发展学生的身体素质；可以运用体育技能之间相互作用的正迁移规律，来培养学生的体育个性品质。类似这样的做法，我们只要掌握大学生心理和生理活动规律，积极进行科学教育、严格管理，就能有效地提高体育教学质量。

体育教学中加强培养和健全学生自尊自信、沉着果断、坚忍顽强、团结合作、开拓进取等品质，促进个性完善与人格健全，预防形成不良的心理品质，将体育与德育融为一体，充分发挥体育教师自身的言传身教作用，通过大学生自我心理活动与体验来教育培养，可采用自我说服法、锻炼体验法、榜样教育法、创设情境法、愉快体育法、游戏竞赛法等。将此法在实际教学中加以应用，可以激活学生的心理能量，优化心理环境。加强意志力的培养，在体育教学中可采用疲劳负荷法、竞赛提高法、自我强化法、日常教育法等方法来加强大学生个性心理品质的培养。教师可根据不同项目，从不同层次和角度促进大学生个性心理的健康发展。比如田径、体操运动能提高学生坚韧、自制、果断、勇敢等意志品质；球类运动有利于学生形成爱集体、守纪律等优秀品质，从而能在日常生活中与人和睦相处，在学习和工作中能密切合作，克服个人主义，增强集体观念。

（七）体育教学中心理健康教育的实施方法

1. 讲授法

讲授法是通过语言或借助其他手段把心理发展知识传授给学生的方法。讲授不仅是口头讲解，在高校体育教学中还包括多种不同的方式，比如运用各种形象直观的手段：影视、录像、幻灯片等。讲授也不能简单地理解为教师讲、学生听，高校体育教学中渗透心理健康教育必须特别注重教育者与受教育者的双向交流和沟通。教师在讲授中要充分运用谈话、讨论等多种方式来进行，这样才能取得理想的效果。

2. 心理训练法

心理训练法是指在教师的指导下，学生练习、实践、锻炼的方法。人的心理品质并不只是表现为对心理的"知"，更重要的是表现在实际活动中的各种心理活动能力。因此，心理品质的形成和心理潜能的发展，都离不开实际的心理训练。在高校体育教学中，针对不同心理品质的培养，可以采取不同的心理训练方法。智力训练、创造性思维品质的培养可以采用"智力竞赛法""具体激励法"等；情感的培养则可采用"移情训练""榜样示范"等；意志品质的培养可以采用"耐挫折训练""自我调控训练"等；不良心理品质的矫正，可以采用"行为矫正"等不同的训练方法。

3. 陶冶法

陶冶法是指那些在潜移默化中影响学生心理品质的方法。具体表现在两个方面：一是高校体育教师将自己的教育意识投射在物质环境中，也就是说，通过有利于学生心理发展的物质环境的创造来陶冶学生的心理；二是高校体育教师在集体中努力创造良好的心理气氛来陶冶学生的心理，这主要可以通过活动来进行，良好的心理氛围必须通过健康的活动表现出来。

4. 激趣法

教师要善于运用能激发兴趣的教学因素，激发学生的学习兴趣。学生对体育教学的兴趣和喜爱程度及其从体育活动中获得愉快的情感体验是增强身体活动心理效果的重要因素。如果学生从事的是自己不感兴趣的活动，那就很难获得良好的情感体验。运用多种生动活泼、形式多样的教法手段，激发学生的兴趣，让学生在体育教学中体验到快乐，使他们爱上体育课，这对具有强迫症和抑郁症的学生，能够起到较好的缓解与调节作用。

5. 沟通法

体育教师要深入学生，尽可能地同学生一起参加各项体育活动，创造新型、融洽的师生关系，使学生充分信任体育教师，愿意跟教师进行沟通。这有利于学生保持愉快的心境。

6. 互助法

实践证明，个体之所以为群体所吸引，主要是因为群体认同、社会强化、竞赛刺激及参与活动等因素。体育教师在教学中有意识地让学生相互交流、互帮互学，营造一种融洽的人际关系和良好的教学氛围，对学生的不良心理具有良好的治疗作用。

7. 疏导法

学生有了逆反心理，教师要主动与之接近，疏通感情，了解其产生抵触情绪的原因，然后因人施教、对症下药。

8. 竞赛法

心理学研究表明，当自己的能力适应任务挑战时，人的愉快就会产生。如果缺乏挑战，就会使人产生厌倦感。如果任务太富有挑战性，也会导致个体焦虑，甚至产生挫折感。因此，人的能力适应挑战性是人产生快乐并坚持活动的重要原因之一。有抑郁、焦虑等不良心理的学生的运动能力也往往较差，教学中要注意调整形式，让活动的形式适应不同运动能力学生的心理需要，使有抑郁、焦虑心理的学生也能体验到成功的快乐。

9. 冷却法

当学生产生了逆反心理，情绪强烈动荡时，教师必须保持常态心理，对事情做出清醒的分析和理智的判断，找出正确解决矛盾的方法。再把说服工作的重点放在平静学生的心情上，以尽快恢复其理智，切不可在学生情绪上来时"针尖对麦芒"使矛盾激化。

10. 温暖法

学生出现逆反心理，教师应采取尊重、理解、关怀、鼓励和信任的态度，帮助其明辨是非，正确地控制和调节自己的行为。对曾在体育运动中有过某种挫折，内心受过不良刺激的学生，教师需要关心爱护他们。同时，在全班创造相互关心、助人为乐的良好风气，使他们不断增加战胜困难、克服挫折的信心。

11. 鼓励表扬法

对于体育差生的微小进步都要及时给予肯定和表扬。充分利用学习成绩的反馈作用去鼓励学生，增强他们克服困难的信心，正确对待自身不足，从而消除自卑心理。对学生提出的练习要求要适当，采取的教学内容和形式要充分考虑学生的个体差异，设定不同的期望目标，使学生体验到成功的欢乐。

12. 规则法

体育教学中合理、及时运用竞赛这一形式，能激发学生的热情。使用此方法时应注意平衡竞争对手，可适当改变些条件，制定特殊细则，从而增强竞争意识。

13. 诱导法

对于部分身体素质差、接受速度慢的学生，教师要循循善诱，使之能正确对待自己，摒弃自暴自弃的不良思想。首先，使其懂得只要主观努力，方法得当，就能将自身的运动潜力挖掘出来；其次，对运动技术的要求可适当放宽，使其不断尝到成功的喜悦，并引导他们在练习中扬长避短，逐步发展身体素质，提高运动技术水平。

14. 感染法

有一些技术动作，尽管教师做了示范，但有的学生心里还犯嘀咕，不相信自己也能完成这一技术动作。这是不好的自我暗示。教师除启发、鼓励学生的信心外，还可选择有代表性的同学带头去做练习，当他们成功完成这一技术练习时，能很快消除这部分学生的心理顾虑，增强其完成动作的自信心。

（八）体育教学中心理暗示的方法

1. 心理暗示训练的时机

运动心理学研究表明，以下几个时机运用心理暗示训练可以取得较好的效果。

（1）当学生或运动员学习难度较大的技术动作，产生紧张、焦虑和畏难情绪时，可以采用暗示语使他们逐渐放松和保持镇定。

（2）当学生或运动员出现错误动作而且难以纠正时，可以用暗示语帮助他们纠正错误动作。

（3）当训练内容枯燥、乏味，学生或运动员缺乏兴趣、感觉厌烦时，可以用暗示训练鼓舞情绪，唤起学生或运动员的学习兴趣。

（4）当学生或运动员感到疲劳、情绪低落时，教师可以采用暗示训练，提高他们的情绪水平，并强化意志品质。

（5）当学生或运动员的技术动作学习还没有达到动力定型的程度时，可以采用暗示语配合动作练习强化他们对技术动作的学习，巩固和加速动力定型的形成。

（6）当学生或运动员注意力分散时，可以采用暗示训练帮助他们及时集中注意力于当前任务。

（7）当学生或运动员动作操作需要发力时，可以采用暗示训练，提示动作的发力时间点以及发力强度，帮助学生或运动员快速掌握发力的技巧。

2. 心理暗示的种类

心理暗示有如下几种：

（1）自我暗示。自我暗示是指让学生或运动员自己用一定的暗示语言调节本体植物性神经系统机能，使自己心理和肌肉状态能更好地完成运动任务的要求。自我暗示是靠学生或运动员自己多次重复词语或一定暗示短语来实现的。例如在比赛中运动员感到非常疲劳时，可以通过暗示自己"坚持、顶住"，来增强意志力，从而渡过难关。

（2）表情和体态暗示。表情和体态语言是体育教师或教练员与学生或运动员进行沟通知识、技术和情感的良好媒介。心理学研究表明，表情和体态语言在人际交往中传递了绝大部分的信息。例如体育教师或教练员可以用赞许的表情，鼓励那些因胆怯而不敢做动作的学生或运动员；用皱眉和摇头表示学生或运动员完成的动作仍须改进；有节奏地挥舞手臂，来向学生或运动员暗示整套技术动作的节奏和韵律。

（3）环境暗示。体育教学与训练的环境直接影响着学生或运动员的学习效果。体育教师应该科学合理地布置教学场地，因地制宜地设计安全、舒适的教学场馆。例如体育教师或教练员可以应用颜色对人的暗示作用，用红色等暖色调布置训练场，以提高和调动学生或运动员的情绪唤醒水平；使用绿色和蓝色布局，可以使学生或运动员更加镇定。

（4）标志暗示。在体育教学与训练中，标志暗示既可以帮助学生或运动员形成良好的技术动作，增强其技术、战术意识，还可以帮助他们做好适宜的心理准备，例如在排球场地的不同区域用数字编号，以暗示和提高攻球队员攻球变化性。

(九)体育教学中心理学评价的内容与方法

体育教学中心理学评价的基本观点是以人为本,以尊重学生的人格为前提,注重学生的身心发展,培养学生的自尊和自信,淡化学生之间的比较,帮助学生学会与学习目标和自己的过去进行比较,并在比较中客观地了解和评价自己,在教师指导下设置合理可行的学习目标,从而为全体学生的自主学习创造机会和条件。体育教学中的心理学评价的目的是了解学生在体育学习过程中的心理活动及其行为表现,分析原因,发现学生的潜能,为学生提供展示自己能力、水平、个性的机会,使他们体验到成功的乐趣,增强信心,提高自我认识、自我教育、自我发展的能力,从而获得进步和发展。因此,体育课堂学习过程的心理学评价的主要目的是激励性和发展性。

体育教学中心理学评价的激励目的是根据体育教学的要求,让学生通过对自己的体能、运动技能、学习态度、情意表现、人际关系、健康行为等方面的情况有清醒而正确的认识,使学生发现自己的进步和发展的潜力,激发其参与体育活动的积极性,获得体育学习的成就感和自信。这种评价是面对每一位学生的评价,指向学生的学习进步和努力方向。

体育教学中心理学评价的发展目的是使学生认清学习上的困难和症结,帮助学生取得学习的进步,调动学生积极向上的内驱力。这种评价也是面向每一位学生的,评价指向学生的学习困难和前进方向。

1. 体育教学中心理学评价的内容

体育教学的心理学评价内容主要是评价学生在体育学习过程中的学习态度、情意表现、交往能力与合作精神及其行为。

(1)体育学习态度。学习态度作为一种对待学习的内部状态,它影响着人对学习活动的选择,包括性质(方向)和程度两个维度。性质是指正确与错误、好与不好。每一种学习态度又有程度深浅、强弱的差别。学习态度的评价主要包括参与体育学习的积极性、为达到目标主动思维的自觉性和反复练习的主动性、运用所学知识和技能的灵活性等。

(2)情意表现。情意表现包括学生在体育学习中表现出来的情绪状态和意志品质。情绪表现主要包括学生在学习过程中对体育学习与活动的自信程度,在实现体育学习目标中的成功体验程度,在体育学习中的情绪稳定程度,运用体育活动方法较好调控自己情绪的应用程度等。意志品质主要包括学生在体育学习中克服主观和客观困难时表现出的勇敢性、果断性、独立性、坚韧性和自制性等。

(3)交往能力与合作精神。交往能力与合作精神具体表现为理解和尊重他人,与同伴一起分析和处理体育学习中遇到的困难和问题,努力承担在小组学习和练习中的责任,与同伴齐心协力取得集体成功，以及遵守规则和尊重裁判等。

2.体育教学中心理学评价的方法

体育课堂的学习目标是在"过程"中完成的，学习态度、情意表现、交往能力与合作精神必须在"过程"中进行评价，否则将毫无意义。因此，评价的方法必须多元化，集诊断性评价、形成性评价和终结性评价于一体。

在具体的评价方式上，学生的体育学习态度、情意表现、交往能力与合作精神可采用观察（行为记录法、评定量表法）、口头评价等方法。

（1）观察。观察是在自然的教育场景下，教师观察学生的行为表现，并加以评定的一种方法。在观察过程中，学生处于正常的活动之中，没有（或较少）产生任何压迫感，所收集的资料自始至终都是自然、真实的常态表现。因此，观察法可被用来客观地评价学生的学习态度、情意表现、交往能力与合作精神等。运用观察方法应有周密的计划，并随时记录。常用的记录方法有行为记录法和评定量表法。

①行为记录法。行为记录法是指教师通过对学生学习行为表现的观察，并随时做记录，可用于评价学生的心理发展。这些学习行为表现反映出学生对学习的态度、兴趣、情绪、意志、交往能力与合作精神等心理特征。教师将学生的学习行为随时记录下来，可采用横向评价的方法（比较同一组学生的心理特征异同），也可采用纵向评价的方法（过一段时间，再比较某一学生或某组学生在心理特征上是否发生变化）。②评定量表法。评定量表法是对各种行为的性质、特点，分别列出几个程度，用文字加以表述，从而形成评定量表。评定量表的设计分为两个部分，一是所要评定的该项行为特征的名称，二是评定时用的分点说明语。观察时，教师从这几项不同的描述中，选择与学生行为表现相符的一项，标上记号，并据此分析学生的行为特征。

一般来说，在使用评定量表法时，如果教师确定的行为特征过于抽象，就不好判断。因此，选择行为特征时应考虑可观察的外显行为，避免一些抽象术语，如同情心、自卑感、愧疚感等。

（2）口头评定。口头评定是教师运用口头语言对学生在体育学习过程中的学习态度、情意表现、合作精神等方面进行评定的方法。由于语言是人类交际最普通的工具，也是体育教学中最常见的行为活动，因此，口头评定是体育课堂学习过程的心理学评价中最常见的方法，也是自己评定和同伴间互相评定的一种手段。

口头评定的用语要清晰、简洁、准确、生动、条理清楚、重点突出，并注意语言表达时的体态举止和面部表情动作，以便唤起和保持学生的注意状态和兴趣，启发学生的思维。

第六章 大学生体育教学训练方法路径

第一节 力量素质和速度素质训练

一、力量素质训练

多数体育生都是在高二才开始进入体育训练的队伍中来的，由于没有长期系统的专业训练，想要在短期内提高运动能力进而取得优异的体育高考成绩极易导致在训练过程中走入误区，造成运动成绩起伏不定、停滞不前的现象。高校的体育训练主要分为身体素质和球类两大考核部分，力量素质作为身体素质的重要组成部分，将直接影响体育高考的总成绩。因此，如何在力量素质的训练过程中，避免误区、争取训练效果的最大化显得尤为重要。本节将从以下几点对力量训练的注意事项进行阐述。

（一）力量素质的发展既要全面也要突出重点

机体作为一个有机的联系整体，不能单独靠某一部分的肌肉发力来完成动作。针对相对复杂的技术动作，需要全身不同肌肉群的整体配合工作才能完成。通过世界男子百米大战可以看出，优秀运动员均重视全身肌肉力量的协调发展，而不是单纯强调下肢或局部力量素质的发展。因此，在发展力量素质的过程中，在发展下肢力量素质的同时也应该加强上肢和胸、腰、背和臀等部位大肌肉群的锻炼，还要注重发展核心部位的深层次肌群和其他薄弱小肌群力量。

（二）做好充分的准备活动，训练结束后要及时放松肌肉

在正式参加比赛或训练前一定要做好各项准备活动。通过准备活动可以提高中枢神经系统的兴奋水平，增强机体对大负荷强度刺激的感觉；增强氧运输系统的机能，从而提高工作肌群的代谢水平；还可以使体温增高，降低肌肉的黏滞性，增加弹性；让肌肉发挥最大的收缩力量，还能有效地预防肌肉损伤。力量训练结束后，由于乳酸的堆积使得肌肉常常会出现充血肿胀的现象。因此，在力量训练结束后要及时采取各种活动性手

段：进行整理活动或保证良好的睡眠、进行合理的营养补充以及通过按摩理疗等方式，使肌肉充分放松。

（三）集中注意力，加强安全保护意识

肌肉活动总是在中枢神经系统的调节下进行的，力量练习时要集中注意力。充分靠目标肌群有效发力完成动作练习，真正做到使意念活动与练习动作紧密保持一致，练哪里靠哪里发力。这样不仅可以使肌肉力量得到更好的发展，还能降低在大负荷练习时的受伤概率。另外，为了加强力量练习的安全性，还应加强学生的自我保护和互相保护意识，在大负荷重量练习时严禁单独训练。在临近力竭时，更应该注意加强同伴之间保护，预防安全事故的发生。

（四）与专项动作相结合，保证技术动作的规范性

不同的专项动作有不同的技术结构，要求参加工作的肌肉群力量也不同，如投掷类项目要求学生竭尽全力地使器械获得最大的加速力量。因此，在力量训练的过程中要根据专项技术的动作结构来选择恰当的练习方法，从而更好地获得发展有关肌群力量的效果。在实际力量练习时，必须按照相关动作的技术规格要求严格进行，否则由于身体姿势的不正确，而导致技术动作变形，不仅会影响目标肌群的训练效果，而且还会增加运动损伤发生的概率。例如在进行杠铃深蹲练习时需要双眼平视前方，始终保持收腹挺胸腰背部挺直，靠大腿、核心部位肌群协同发力。针对大负荷训练要系好腰带，严防弓背现象的出现。为了进一步加强安全保护，可以在杠铃两侧安排两名保护人员以防腰部损伤。

（五）要掌握正确的呼吸方法

憋气有利于固定胸廓，提高核心肌群的紧张程度，通过有效的憋气可以提高人体在极限状态下完成动作的最大力量。有学者研究发现，人在憋气状态时背力最大为133千克，在呼气时为129千克，而在吸气时只有127千克。尽管如此，也应该注意到过度用力憋气会提高胸廓内压力，使动脉的血液循环受阻，而导致脑贫血，甚至产生休克现象。因此为避免憋气产生的不良后果，当短时间内完成最大用力时，应尽量避免憋气，尤其在负荷不大的重复做练习时，更不要憋气。针对初始训练者，应尽量减少极限用力练习，引导其在练习过程中学会正确呼吸。此外，尽量减少在完成力量练习前做深吸气，因为过度深吸气会增加胸廓内的压力导致练习效果不佳。

（六）要制订系统的训练计划

根据用进废退的原理，力量素质训练应全年系统安排，不能无故中断。相关研究证明，力量增长得快，在停止训练后消退得也快。但是，发展力量素质练习不宜在疲劳的

状态下进行,因为这种状态下的练习主要发展的是肌耐力而不是肌力量,还可能存在潜在的安全隐患,训练效果更是大打折扣。

力量素质训练应该依据不同人群、不同项目以及训练任务的不同而区别对待,负荷的安排应具有明显的周期性、波浪式特点。力量训练课的次数应根据训练课所处的阶段和周期、需要达到的具体目标,训练者的年龄、性别、身体状况,特别是现阶段的训练水平等做出具体安排调整。需要注意的是,在体育高考前半个月内,应尽量少对大肌肉群采用极限负荷的练习。在每次训练中,先安排发展最大力量、速度的练习,最后安排力量耐力的练习。

在进行发展力量素质的训练课中应使全身肌肉群得到充分锻炼。一般按照从下肢肌肉群到核心肌肉群再到上肢和肩带肌肉群的顺序进行练习。根据专项训练动作应先安排复合动作使主要的大肌群得到锻炼,然后再安排孤立动作使局部肌群得到充分锻炼。

力量性训练作为身体素质的重要组成部分,对体育高考总成绩发挥着重要的作用。教练员应该高度重视力量素质的训练,掌握有效的训练方法。确保学生在有限的时间内不断提高训练水平,为体育高考做好充分的准备。

二、速度素质训练

速度素质是指人体快速运动的能力,包括人体快速完成动作的能力和对外界信号刺激快速反应的能力以及快速位移的能力。现代学生身体速度素质和十年前相比明显下滑,学校体育教师、教练员可结合实际提高认识,加强对学生速度素质的培养,全面提高学生的速度素质,从而促进学校体育活动的开展。

(一)速度素质包括反应速度、动作速度和移动速度

反应速度是指人体对各种信号刺激快速应答的能力。动作速度是指人体一部分快速完成某一个动作的能力。移动速度是指人体在特定方向上位移的速度,以单位时间内机体移动的距离为评定指标。具有良好移动素质的运动员,不一定具有良好的反应速度。

(二)各项速度素质的训练应明确的问题

1.反应速度训练应明确的问题

首先,反应速度由神经反射通路的传导速度决定,基本属于纯生理过程,不受其他因素影响。纯生理过程的提高是相当困难的,很大程度上取决于遗传因素,通过训练可使学生运动员潜在的反应速度能力表现出来并稳定下来。其次,在训练中,学生运动员注意力集中与不集中也大不一样,运动员注意力集中,可使神经系统处于适宜的兴奋状态,使肌肉处于紧张待发状态,此时,肌肉的反应速度比处于松弛状态时可提高60%

左右。这种状态有时间限制，一般适宜时间为1.5秒左右，最多8秒。因此，短跑运动员在预备起跑时，要紧紧地压住起跑器，把思想集中于准备迅速迈出的第一步。最后，反应速度的提高在很大程度上取决于运动员对信号应答反应动作的熟练程度。在进行反应速度的训练时，还要经常改变刺激因素的强度和信号发出的时间。

2. 动作速度训练应明确的问题

提高应与掌握和保持正确的技术动作紧密结合在一起。专门性的动作速度训练与专项比赛动作要求相一致。在使用反复做某一个规定动作为手段发展动作速度时，应合理地变换练习的速度。练习的持续时间一般不宜过长，动作速度的训练强度较大，运动员的兴奋性要求高，一般不应超过20秒。练习与练习之间的间歇是由练习的强度所决定的，练习强度大，需要的间歇时间就长。但也不要忘记，间歇时间过长易导致兴奋性下降，不利于用剩余兴奋去指挥后边的练习，如持续时间5秒、强度达到95%以上的练习，间歇时间以30~90秒为宜。

3. 移动速度训练应明确的问题

首先，测定移动素质的手段常用短距离跑，距离不要过长，可用30~60米的距离。最好不从起跑计时，测定其全速跑通过某段距离的能力。在运动员不疲劳、神经兴奋性高的状态下测验，可测定2~3次，取最佳成绩。其次，最大步频和快速跑中的支撑时间对运动员的快速移动能力有着重要影响，优秀运动员单脚撑地时间为0.08~0.13秒，普通人为0.14~0.15秒。再次，提高移动速度有两个基本途径：一是力量训练，使运动员力量增长，进而提高速度；二是反复进行专项练习。无论通过哪个途径提高移动速度，训练中都必须确定适宜的训练负荷。最后，在训练实践中运动员力量得到提高，并不意味着移动速度可以马上提高，有时当力量训练负荷减小以后，速度才有提高，这种现象叫"延迟性转化"。

三、提高各项速度素质的常用手段

（一）反应速度训练常用的手段

信号刺激法，利用突然发出的信号提高运动员对简单信号的反应能力。运动感觉法，需要经过三阶段。一是让运动员对某一信号快速地做出应答反应，然后教练员把时间结果告知运动员；二是先让运动员估计时间，通过测定进行比较，增强运动员对时间的准确感觉；三是要求运动员按事先规定的时间去完成练习，这样可以提高运动员对时间的判断能力，促进反应速度提高。选择性练习的具体做法是，随着各信号复杂程度的变化，让运动员做出相反的应答动作。

(二)提高动作速度常用的方法手段

利用外界助力控制运动员的动作速度,在使用时必须掌握好助力的时机及用力的大小,同时还应让运动员很好地感觉助力的时间及大小,以便使他们能独立且尽早达到动作速度的要求,减少外界自然条件的阻力,如顺风跑等。利用动作加速或利用器械重量变化而获得的后效作用发展动作速度。借助信号刺激提高动作速度,缩小完成练习的空间和时间界限,如球类利用小场地练习。

(三)提高移动速度常用的手段

首先,发展最高移动速度每次练习的持续时间不能过长,每次练习均以高能磷酸原代谢为主要供能途径,一般地讲,应保持在20秒以内。多采用85%~95%负荷强度,练习的重复次数不应过多,以免训练强度下降。确定间歇时间的长短,应能使运动员机体得到相对充分的恢复,以保证下一次练习的进行。休息时,可采用放松慢跑,做伸展练习。其次,进行各种爆发力的练习和高频率的专门性练习,如田径短跑做高抬腿跑、小步跑、后蹬跑、车轮跑等,也可以利用特定的场地器材进行加速练习,如斜坡跑和骑固定自行车等。

四、速度训练的基本要求

第一,速度素质训练应结合学生所从事的专项运动进行,如在短跑项目中应着重提高他们听觉的反应能力,在球类运动中应着重提高视觉反应能力。

第二,速度素质训练应在学生兴奋性高、情绪饱满、运动欲望强烈的情况下进行,一般应安排在训练课的前半部分。

第三,速度提高到一定程度时,常会出现进展停滞、难以提高的现象,称为"速度障碍"。出现速度障碍时,可采用牵引跑、变速跑、下坡跑、带领跑、顺风跑等手段予以克服。

第四,掌握学生的实际身体情况,科学地安排速度训练。由于移动速度具有多素质综合利用的特点,移动素质的发展与力量、耐力等其他身体素质的发展有着密切的关系,因此,对学生进行速度训练的同时,要十分重视全面身体素质的训练。

第二节 耐力素质和柔韧素质训练

一、耐力素质训练

近几年来，国家在推进素质教育的同时，也相当重视学校体育和学生健康，首届全国学校体育工作会议，提出要把学校体育与开展"全国亿万学生阳光体育运动"作为全面推进素质教育的重要突破口和主要工作方面；在《中共中央国务院关于加强青少年体育增强青少年体质的意见》文件中明确提出要"全面组织实施初中毕业升学体育考试，并逐步加大体育成绩在学生综合素质评价和中考成绩中的分量"。习近平总书记在2016年召开的全国卫生与健康大会上也提出："要把人民健康放在优先发展的战略地位"。

但近年来，国民耐力素质呈下降趋势且愈演愈烈。因此，学校体育作为培养人们养成终身体育习惯的重要途径，贯穿学生学校学习的全过程，有必要通过学校体育课堂对学生进行耐力素质训练，增强学生心肺功能，提高学生身体素质。

（一）将耐力素质训练融入体育课中的必要性

1. 耐力素质训练可有效促进学生身体素质的发展

耐力素质，是指人体在尽可能长的时间内进行肌肉活动的能力，耐力也可看作是对抗疲劳的能力。长期的耐力练习，可以使大脑皮层长时间保持兴奋与抑制有节律地转换，使大脑皮层神经过程的均衡性得到改善，神经细胞的工作能力和支配肌肉活动的各运动中枢之间的协调也能得到改善，特别对提高心血管系统和呼吸系统的机能有良好的效果。

学生的身体都是在不断快速地生长发育中，不同年龄阶段身体骨骼和肌肉坚实度有所不同，所以教师要根据学生在不同年龄阶段、不同发展层次的身体特点，有针对性地培养和提高学生的身体素质，注意控制学生在体育锻炼中的量和强度问题。对于高校学生而言，应强调的是有氧的耐力性练习，这样更有利于学生身体素质的发展，还能减少给学生身体带来的伤害。耐力素质的不断提升，也能为学生自己所喜欢的一些项目的学习和提高提供有力的体能保障。

2. 耐力素质是保证持续完成任何运动的前提保障

身体素质中包括五个方面：力量、速度、耐力、灵敏、柔韧。在五项基本素质中，耐力是重要保障。比如百米跑后程就要有充足的体能做保障，进行肌肉力量练习做的组数多或做的练习类型多同样也需要耐力做保障。耐力是保证持续完成任何运动的前提，有很多爱好者无论是在从事球类运动还是其他运动，除了技术，到最后拼的都是耐力，只有身体持续不断地提供充足的体能储备才能更好地发挥自己的能力，才能有更好的精神状态投入到一天的学习和生活当中。

成为国家栋梁的人才基本都是从学校这个大门走出来的，人们在学校体育课的教学中强调耐力素质的重要性，无疑是为社会培养的各个阶层的人才在校期间储备耐力素质的能力，一步一步地从小学、初中、高中，然后到大学，几乎长达20年学校生涯里练就他们健康的体魄、充沛的体能、旺盛的精力，以饱满的精神状态和健康的身体状况投入社会主义各个行业的工作岗位上去，并养成终身体育的习惯，时时刻刻都有一个好的身体基础、良好的锻炼习惯，像一部崭新的机器一样良好地运转起来。由此看来，在学校体育课中，将耐力素质融入其中就显得更加紧迫了。

（二）推动体育课中耐力素质训练的方法

1.考虑学生运动需要，激发学生的运动兴趣

在体育课程中，采用哪些方法、开展哪些内容去开展和推行耐力素质训练，教师首先要考虑的就是学生的运动需要，激发学生的运动兴趣。

什么是运动需要？运动需要就是学生对体育运动的自身价值所产生的趋势，或想掌握某项体育运动技能的一种需要。如何判断学生的运动需要？可以从健身锻炼的方向出发，结合体育心理学方面的知识以及学生的兴趣爱好，考虑他们的情感需要，找出学生的运动动机和运动兴趣所在。通常运动是需要得到满足的，一旦满足就会产生运动的愉悦感，从而激发人们的运动兴趣。所以说，学生的运动需要是其运动兴趣得以激发与培养的源泉。

除运动需要外，融洽的师生关系、现有运动技能水平、运动内容的新奇性与适应性、成功体验的获得，都是影响运动兴趣的主要因素。其中，融洽的师生关系可以保证教师引导学生向健康积极的方向上发展。

2.丰富健身田径运动形式，通过游戏性比赛调动学生运动积极性

最近几年不断提出了很多好的健身锻炼的方式，如健身田径运动、少儿田径运动、自然环境中的田径运动、趣味性的田径运动等，都是从不同角度和方面让运动更有价值、意义和趣味。

本节中提到的健身田径运动，也是结合了田径中最基本的走、跑、跳、投掷等技能，既是人类本能的运动基础，也是表现基础运动能力的专门技能，如散步、快走、定时跑、定距跑、走跑交替、跳绳、跳跃游戏等，对于参加者来讲负荷适宜、效果全面、条件随意、终身受益。因此，人们可以通过开展丰富的健康田径运动形式，通过游戏性比赛调动学

生的锻炼积极性及对所学的知识、技术的综合运用能力。

3. 进行适宜耐久跑，逐步提高学生耐力素质水平

适宜距离、强度、速度的耐久跑会给学生身心带来愉悦和欢快。所以耐久跑应以中等强度、保持适宜的时间、确定适宜的距离为前提，提倡个人根据自己的实际情况，确定练习方式和负荷，以个人自我进步度的评价作为控制练习的依据，避免出现因"比赛"和"达标"等约束条件的影响，被动地超出个人力所能及的练习负荷，造成运动伤害。

在耐久跑中使学生懂得耐久跑的价值与作用，了解跑的正确方式和节奏，能在跑前、跑后进行自我脉搏测量，懂得健身跑的心率应控制在 120~150 次/分钟为宜。体育教师也可以根据自己学校的实际情况，做到灵活变动和因地制宜，定会收到不断改善提高的效果。

关于跑的正确方式和节奏，教师应给予学生指导。一是要形成正确的跑姿和跑的方法，养成健身跑的习惯。教师可以通过图片、媒体展示或师生简述与示范，使学生了解并掌握耐久跑正确的动作方式，能够做到动作轻松、步伐均匀、重心平稳。二是要学会呼吸方法和掌握呼吸节奏，这是练习耐久跑的基础要求。学生在运动时主要靠提高呼吸频率来增大肺通气量，而呼吸深度增加不多。这与他们胸围较小、呼吸肌力量弱、肺活量小及呼吸调节机能不够完善有关。为此，要在慢跑中有意识地教会他们正确的、有节奏的呼吸方法，使他们明确注意加深呼吸的深度是很有必要的。

只要能做到以上几点，并且教师认真负责地有针对性地安排指导学生练习，会慢慢地提高不同阶段学生耐力素质的水平。随着年级的不断提高，耐力素质水平会呈明显的上升趋势，这样也为解决学生中后期体能储备不足找到了解决的办法。

二、柔韧素质训练

科学技术快速发展的今天，人类社会无论是在社会科学上，还是在人文科学上都得到了前所未有的发展，这一系列的发展也让我们的生活发生了改变。科学技术的大进步，使得整个社会大发展，当然这也大大提高了体育在世界上各个国家的地位，体育比赛变成了国家与国家的比赛，体育实力更象征了国家的实力。正因为如此，也使得世界各国更为重视体育运动的核心地位。

众所周知，柔韧素质是提高训练水平的重要因素之一，柔韧素质的提高不但有利于技术动作很好地完成，而且有利于提高动作质量与动作幅度，其表现为协调性的不断提高、节奏感强、运动能力的明显增长等。运动员如果不在柔韧性上做大强度、高效率的训练，那么他们在运动技术运动成绩方面将很难得到更大的提高。因此，必须充分重视

柔韧素质，并且科学地进行训练。

（一）柔韧素质的理解

体能是以人体三大供能系统为能量代谢活动的基础，通过骨骼肌的做功所表现出来的运动能力。体能是运动员的基本运动能力，是运动员竞技能力的重要构成因素。运动员身体素质的发展受多种因素的影响。

1. 柔韧素质的概念

柔韧素质是指各关节活动范围的大小及肌肉、肌腱、韧带等组织的伸展能力。在《牵伸训练》书中"柔韧性"一词是指"正常"范围内的运动能力。

2. 柔韧素质的分类

①与静力柔韧相关的关节在不强调速度的条件下进行拉伸时的运动幅度（ROM）有关，因此静力性柔韧是静力性牵伸的结果。②弹性柔韧性，通常跟摆动、弹起、弹回和节律性运动有关。③动力性或功能性柔韧性是指在以正常速度或快速进行身体活动时运用一系列关节的运动能力。④活动性柔韧性是指在没有外力辅助的条件下，由肌肉主动运动时的活动范围。

（二）目前国内对"柔韧素质"研究的文献分析

笔者通过查阅《中国期刊全文数据库》《贵州师范大学图书馆》《贵州数字图书馆》以及大量与柔韧素质相关的文献，发现当前涉及"柔韧素质"的相关文献多数涉及体育运动中柔韧素质的重要作用，以及地位和体育运动训练中柔韧性的训练方法和手段等领域，关于体育运动中柔韧素质的具体可实施性的对策和建议的文献相对较少。从笔者掌握的文献来看，当前对体育运动中柔韧素质的探讨和研究基本集中在以下几个领域。

1. 柔韧素质在体育运动中的重要作用及地位

蔡广浩、熊凡在《静力拉伸和动力拉伸对提高柔韧素质的研究综述》中表示，在人们的意识中虽然体现出了静力性拉伸优于动力性拉伸的想法，但是相关方面的研究仍显不足，所以在理论上的支持仍需实验数据的支撑。从搜集的资料来看，大部分研究都集中在练习手段的开发上，专门针对动力和静力练习效果的研究较少。并且由于人们对于柔韧素质训练普遍认识程度不够，对训练方法的区分和操作不熟悉，很容易在训练和健身过程中造成运动损伤，影响运动成绩和训练热情。

孙红在《论柔韧素质在跳高运动员身体素质中的重要地位》中指出，身体素质是人体器官、系统机能在肌肉工作中的反映。它是身体发展、体质增强的主要内容，也是一个人健康水平的重要标志。身体素质是从事各项体育运动的基础，是取得优异运动成绩的根本保证。发展和提高身体素质是体育教学训练中的重要任务，是提高运动员运动水平和运动技术的根本保障。运动能力的掌握和提高，良好的身体素质是关键的支柱。因此，身体素质的发展状况对掌握、巩固和提高技能技术、顺利完成教学和训练任务来说是极其重要的。因此，笔者认为柔韧素质在其中起到主要作用。

以上三者都对柔韧素质的重要作用及地位从多个角度进行了系统而全面的分析和研究，并都较为准确地指出了柔韧素质在体育运动教学和训练中的重要作用和地位，开展了高深度、多视角的读解。

2. 体育运动中柔韧素质的技术教学及运动训练方式方法

柔韧素质练习的基本方法与手段有以下几个方面：第一，静力拉伸练习法。将平缓的动作保持在静止不动的状态，从而使肌肉、韧带等软组织拉长到一定程度，在这个拉伸过程中，肌肉、韧带能够获得较长时间的刺激，这是这个方法的一个重要特征。第二，动力拉伸练习法。动力拉伸运动法是一种重复相同动作的有规律的、相对较快的运动方法。在短跑训练中这种练习方法有个主要特征，就是肌肉强度改变的最大值在自主拉力的时候大概比静力拉伸大两倍。第三，柔韧性练习常用的方法。柔韧性素质练习一般通过以下常用方法进行，一是正弓步压腿，这是为了提高腿部后侧肌肉的柔韧性；二是侧弓步压腿，是为了提高腿部内侧肌肉的柔韧性；三是后压腿，练习的目的是增加腿部前侧肌肉的柔韧性。在研究中发现，一些运动员常常忽略了其他素质的训练，为了提升成绩只是在速度和力量上进行练习，这种情况也会造成他们的成绩提升受到负面影响，而事实是柔韧素质的好坏程度决定了其他素质的发展，各素质的发挥和利用也受它影响，它是联系各素质之间的一种良好的媒介。

郭书华在《柔韧素质锻炼方法》中指出柔韧素质是很多体育运动项目必须具备的重要体能之一。针对柔韧素质的提升，采取了一系列方法策略，并收到了很好的反馈。其训练方法为：

第一，吻靴。目的：低弓步压腿，重点训练膝关节的柔韧性。动作方法：训练者一条腿屈膝成半蹲状态，另一腿向前伸直成弓步，脚跟着地，勾脚尖；身体前屈两手抓住前伸的脚尖；两臂屈肘用力向后拉，上体屈髋前俯，头以及下颏尽力去碰触脚尖。控住几秒后上身缓缓抬起，间歇一会儿后做换腿重复练习。

第二，双人拉锯练习。目的：用于提高学生腰背部、腿部后侧和膝关节韧带。动作练习方法：两人一组对面坐地上，脚相对，腿伸直，上体前屈，手相扣前后拉动。

第三，扶腿压前屈。目的：提高腰部、腿部柔韧性。动作方法：一人仰卧，两腿并拢，两腿做体前屈，一人扶其腿下压。

第四，脚迈过"圈"。目的：提升身体柔韧性，增进腰腹肌肉力量。动作方法：训练者站立两手相握放体前。身体前屈，左右脚依次从两手臂和躯干围成的圈内迈出。当脚都迈出后，两手不松，身体保持正直，两手由臀后侧朝上提起，双手相扣放于身体后面。

第五，"马咬尾"伸展练习。目的：训练腰腹部肌肉的柔韧性。动作方法：训练者膝跪于地手撑地，向左扭转脊柱，尽力从肩部看到左侧臀部，左侧臀部可向前轻微移动。几次后，脊柱换方向扭转。

第六，钻膝拉手。目的：提高身体柔韧性，拉长肩背部肌肉和韧带。动作方法：训练者站立，双腿膝部外开，腿部成"O"形，身体前屈，手臂从腿部内侧穿进，穿过膝关节后，再屈双肘，臂小腿前，双手放在脚踝前相扣。

第七，跨绳比赛。目的：提升身体柔韧性。动作方法：两手握绳于身体前面，两腿从绳上跳过，再跳回来。

张建、史东林、周博、李光军在《三种拉伸方法对于提高艺术体操运动员韧素的实效对比研究》中的研究结果显示：第一，PNF拉伸方法能够有效地提高艺术体操运动员肩关节、髋关节柔韧素质水平。与动态拉伸方法和静态拉伸方法相比，PNF拉伸方法除了在柔韧素质水平的提高方面成果显著外，柔韧素质的训练成绩还能表现出持续性、渐进性提高的趋势；第二，静态拉伸方法对于柔韧素质的改善效果虽然优于动态拉伸方法，但是在提高柔韧幅度与速度方面均落后于PNF拉伸方法；第三，动态拉伸方法能提高柔韧素质，但是保持成绩的能力最差。他们的研究论证指出：一是证实拉伸训练对改善艺术体操运动员的柔韧素质水平有重要意义。二是结合前人对柔韧素质的研究成果，丰富动态拉伸、静态拉伸与PNF拉伸三种不同拉伸方法之间的对比研究。三是丰富艺术体操运动员专项柔韧素质训练手段，证实拉伸训练对改善艺术体操运动员肩、髋关节柔韧素质的实效研究，为艺术体操运动员专项柔韧素质训练提供理论参考依据。

以上三者都对柔韧素质的技术教学及运动训练方法做了研究、分析与探讨，都提出了多种在体育教学与训练中行之有效的练习柔韧素质的方法。

综上所述，从目前的研究成果来看，当前研究体能中柔韧素质的文献大多集中在对柔韧素质的作用、重要性以及地位方面和锻炼方法等领域，大致分为体育运动中柔韧素质的重要作用及地位和竞技体育运动中柔韧素质的技术教学及运动训练方法的分析两个方向，但少有关于柔韧素质在学校体育教学中发展的对策和建议的文献。学校体育教学中柔韧素质的发展具体可实施性的对策和建议是非常有必要的，不仅可以对青少年学生的体质发展起到实质性的作用，并使得学校体育课更加便于开展以及开展得更好，而且可以促进学生体育能力的增长，更便于去学习其他能力。

第三节 灵敏素质训练

原则是人们依据客观事物运动的内在规律而制定的，在实践中必须遵循的法则或标准。运动训练原则是依据运动训练的客观规律确定的组织运动训练所必须遵循的基本准则。灵敏素质的训练也有其自身规律，只有遵循这些规律才能系统、有效地发展运动员的灵敏性。根据运动训练的原则结合灵敏素质的特征，灵敏性训练应遵循三大基本原则：

一、健康安全与竞技需要原则

1. 健康安全原则

"以人为本"是现代社会的根本要求，社会的发展是为了人的发展，人类社会创造的一切都应是为了人类全面、自由的发展。体育运动当然也不例外。然而，现代社会的高度发展却使人的发展走向歧途，而体育的发展似乎也没能找到自己的真谛，甚至成为摧残人的事情；竞技体育中不断出现的丑闻，无不体现着现代体育比赛中体育道德的沦丧和体育真谛的缺失。人类本身在利益至上的社会或比赛中不但没有受到重视，反而成为社会和比赛的附属品。这背离了社会发展的根本目的，势必导致人类发展的不良后果。

健康安全是一个人生存的基本权利，是人从事体育活动或其他活动的基础。田麦久教授指出，健康是运动员的基本权利，是运动员保持系统训练的重要基础。运动训练以取得运动成绩和提高竞技能力为主要目的，而现代运动训练理论中恰恰缺失了对运动员健康部分的内容。实践中，教练员提倡"三从一大"的训练模式，从思想上提倡、鼓励"轻伤不下火线"，导致运动员的小伤小病更加严重，甚至断送其运动寿命。主流媒体也在舆论上鼓励运动员带伤训练或比赛，甚至把这些行为作为一种精神大加宣扬，让人们觉得只有带伤训练、比赛才是顽强拼搏的表现。这一点国内与国外的差异十分明显。从执教理念上，国外强调运动员的主体地位，对于运动员的伤病，队医会给予充分的评估和建议，而教练员对队医的建议必须予以充分的考虑。有些项目比赛规则规定，运动员不得带伤参加比赛，如美国男子篮球职业联赛规定运动员身上流血时必须止血，否则不能参加比赛。而国内强调教练员的主导性，队医的作用仅仅是对运动员的伤病进行简单康复或辅助训练工作，对于运动员能否上场的决定权很小。在训练实践中，国外运动员的自我保护能力较强，训练或比赛中如有伤病，运动员会根据医生的建议配合队医进行治疗，并及时和教练员沟通以便调整训练计划，确保伤病尽快治愈，更快地投入训练和比赛中。

　　安全保障是确保运动员免受伤害的关键。在运动训练或比赛过程中，尽量保证运动员的安全，避免伤害事故的发生。灵敏素质练习对运动员的身体有较高的要求，所以，灵敏性练习一般安排在训练课的前半部分。灵敏性练习前，教练员须调动运动员的积极性，激发运动员的训练动机，在其体力充沛、注意力集中、精神饱满的状态下进行练习，以获得最佳训练效果。另外，应变换练习手段，根据不同阶段或练习重点安排不同的灵敏素质练习手段。例如沙滩排球运动员在徒手练习时须注意变换动作和改变方向，再结合球进行训练，这样既可以提高其判断能力，也可以根据需要对预判、变向和变换动作的能力进行练习。准备期可以重点发展一般灵敏素质或对三类灵敏素质分别进行训练，逐步提高。比赛期则以专项灵敏素质训练为主。

　　灵敏性训练也应从运动员的健康状况出发。因为灵敏素质训练是高强度的练习，危险系数较高，与一般的康复性训练有很大不同，运动员在身体状况不好或有伤病的情况下不应参与灵敏性训练。运动员进行灵敏素质练习或测试时，须确保其处在安全的训练环境中。首先，保证训练或测试地面与比赛地面一致，包括合适的服装和鞋子。若在硬地上测试要保证地面防滑，运动员应穿着相应的训练服装和防滑的鞋子。其次，有充分的练习空间，确保运动员安全地完成练习或测试。最后，进行灵敏性练习或测试时，运动员应保持注意力集中和良好的状态，防止疲劳的发生。

　　2. 竞技需要原则

　　竞技需要原则是由项目特征所决定的，教练员应时刻考虑灵敏性训练要满足项目需要，不同项目对灵敏素质的要求不同。简单地将灵敏素质分为一般灵敏性和专项灵敏性不是目的，对专项灵敏性进行深入分析，进而得出专项灵敏素质的练习方法才是关键，使其从能量消耗特征、项目的技术特征和力学特征等方面贴近项目。1988年，苏联训练学专家指出："机体对刺激的适应具有较强的专一性，长期缺乏针对性的训练，无法使机体适应专项的要求，结果必然导致运动成绩的下降。"根据竞技需要选择灵敏素质练习方法的依据有供能特点、动作形式和移动的速度等，以便使训练效应更好地转移到专项竞技能力中。如果一个项目需要大量的侧向移动，那么练习中应体现这一需求。例如沙滩排球训练应根据项目的预判特点、变向特点和动作特点分别进行，达到自动化的程度，这样才能确保灵敏性训练贴近比赛。

二、适宜负荷与区别对待原则

1. 适宜负荷原则

训练效应的生理基础是人体对刺激的适应，而负荷就是这种刺激。也就是说，任何训练效应的获得必须通过对运动员施加负荷才能实现。必须明确的是，人体的适应能力并不是无限的，在训练过程中当人体的适应能力正向发展时，常伴随运动成绩的提高；而当人体难以适应持续的负荷时，常伴随运动成绩的下降。所以，对负荷的控制已成为运动训练学研究的焦点，灵敏素质的训练同样存在运动负荷的问题。

灵敏素质是以磷酸原系统供能为主的素质，练习时强度较大，易产生疲劳，所以，每个练习后应有足够的休息时间，以保证机体磷酸原的基本恢复。运动生理学研究表明，每千克肌肉中含15~25毫克分子ATP-CP，该系统的供能时间一般不超过8秒，而ATP-CP恢复一半的时间大约是30秒，完全恢复所用的时间是3~4分钟。所以，在进行灵敏素质训练时，一般练习时间不应超过10秒，以充分发展灵敏素质供能系统的能力。2个练习之间的休息应超过30秒，一般为30~50秒；组间间歇应稍长一些，一般为3~4分钟，以保证ATP-CP含量的恢复。为了使运动员较长时间保持良好的灵敏性，应适当提高运动员的糖酵解供能能力和有氧代谢能力。研究表明，运动员尽力保持速度进行灵敏素质的练习仅能维持7秒，一般而言，敏捷性、加速度和快速脚步的练习时间应保持在3~5秒，灵敏性的纯练习总时间一般不超过4分钟。

运动负荷主要强调运动量、运动强度及间歇时间。进行灵敏素质训练时，对强度的控制，教练员可以通过运动员完成练习所用时间（一般情况下如果练习的速度降低10%以上，应停止灵敏性练习，说明疲劳开始发生，并且功率下降）和监控运动员心率来间接评价。有经验的教练员还可以通过观察获得重要信息，如当运动员动作技能下降，特别是制动时动作不稳、制动能力下降时，应考虑延长间歇时间或停止灵敏性训练。

2. 区别对待原则

区别对待原则是指在运动训练过程中，根据运动员的特点、训练水平，因人而异地制订训练计划和安排训练负荷。进行灵敏素质训练时也应考虑区别对待的原则，因人、因时、因项、因地制宜地进行练习，才能获得良好的训练效果。

灵敏素质训练中区别对待原则的执行须做到如下几点：首先，根据运动员的特点进行灵敏性练习，不同训练水平的运动员，应采用不同的练习方法和负荷。如有些运动员灵敏性表现不好，可能是由于预判不足，抑或是移动变向能力或变换动作的能力不足，练习时应根据运动员的不同情况分别进行训练。其次，不同项目运动员灵敏素质的要求不同，这已在竞技需要原则中进行了阐述，在此不再赘述。最后，处在不同训练阶段的运动员应安排不同的灵敏素质训练内容。开始阶段应注重基本脚步或身体控制能力的练习，如冲刺跑、后退跑、侧滑步和起动、制动、变向等基本移动能力和控制能力，为后继的灵敏性训练打下基础。如果运动员能很好地控制平衡和身体重心，并能快速移动，将会提高其获得成功的概率。随后可进行一些与专项相关的灵敏素质的移动步法练习，若是需要器械的项目，还可结合器械进行移动变向和变换动作的练习。当达到一定程度后，可以结合专项运动场景进行必要的预判和快速反应练习，并使之达到自动化的程度。

三、全面发展与敏感期优先原则

1. 全面发展原则

全面发展是指在灵敏素质训练过程中，应全面提高运动员的观察判断能力、变换动作和改变方向的能力及身体控制能力。观察判断能力、变换动作和改变方向能力是灵敏素质不可分割的三种属性，将灵敏素质进行分类，并单独对某一属性进行研究，是为了更深入地探讨该属性的特点，因为不同能力具有不同的表现形式。但绝不能因此而忽视了灵敏素质的完整性，只有将这三种能力统一起来进行多维度的考查，才能更加准确、完整地把握灵敏素质的真义。在运动情景中任何一方面的能力存在不足，都会影响运动员灵敏性的整体表现。

观察判断能力的培养。结合运动实践提高运动员的观察能力，通过更加广阔的视觉追踪策略，获取更多的有效信息，巩固视觉搜寻的结构模式，加强对细微动作的辨别能力，形成运动记忆加以存储，以提高判断的准确性和速度。研究表明，视觉注意力可以不经过眼动而得到加强，并且控制视觉搜索的任务和结构似乎可以储存在记忆里，"双眼紧盯着球"的模式似乎不是处于最佳竞技状态的运动员喜欢的模式。大量研究表明，观察判断能力的训练可以有效提高运动员的意识和决策能力。

变换动作能力的培养。全面发展运动员的技术动作（专项技术和非专项技术）。实践表明，学习掌握的技术动作越多、越熟练，建立的暂时性神经联系就越多，不仅学习新动作技术快，而且具有技术运用灵活且富有创造性的特点。

改变方向能力的培养。全面学习多种移动步法，如起动、制动、变向身体姿势与重心的控制，起初可以学习一些简单的闭链式移动动作，然后增加一些简单的刺激，并逐渐增加难度，包括刺激的难度和动作、方向的难度，有效提高运动员的变向能力。

灵敏素质由上述三部分构成，但并不是上述内容的简单相加。如果发现一种练习方法运动员练习起来较困难，应重点练习而不是将其调整为已熟练的练习动作。

2. 敏感期优先原则

身体素质的发展过程不仅是一个持续稳定的变化过程，而且存在着增长速度特别快的过程或阶段，人们习惯将这一过程或阶段称为身体素质发展的敏感期。判定标准为年增长平均值加一个标准差作为临界值，增长速度大于或等于临界值的年份为该素质的敏感期。一般素质敏感期都有两个：迅速发展期和较快发展期。抓住敏感期进行针对性的训练能提高训练的有效性，以达到事半功倍的效果。

运动训练过程中强调灵敏素质敏感期训练，但绝不是强调灵敏性的训练只有在灵敏性发展敏感期才进行。国内不少教练员认为，灵敏性应在青少年阶段进行训练，成年后就没有时间练习这些内容。相反，灵敏性在成年阶段应该受到重视。国外研究指出，对灵敏性的训练应该贯穿运动员训练的整个过程，因为神经适应过程可以通过长时间的不断重复得到发展。另外，与灵敏有关的很多素质，如速度、力量、功率、柔韧、平衡等均可以通过科学系统的训练得到提高。

灵敏素质的训练要符合运动训练的基本规律，但灵敏素质自身的特点决定了其训练规律具有特殊性。根据灵敏素质的特点和运动训练的规律将灵敏素质的训练原则归结为：健康安全与竞技需要原则；适宜负荷与区别对待的原则；全面发展与敏感期优先原则。

参考文献

[1] 曲宗湖，杨文轩.学校体育教学探究[M].北京：人民体育出版社，2000.

[2] 李元伟.科技与体育：关于新世纪体育科学技术发展问题[J].中国体育科技，2002，38（06）：3-8，19.

[3] 徐本立.运动训练学[M].济南：山东教育出版社，1990：228.

[4] 王智慧，王国艳.体育科技与体育伦理辨析[J].体育文化导刊，2016（06）：146-148.

[5] 曹庆雷，李小兰.前沿科技与体育[J].山东体育科技，2004，26（01）：37-38.

[6] 董传升."科技奥运"的困境与消解[M].沈阳：东北大学出版社，2004：15.

[7] 张朋，阿英嘎.科技与体育的对话:利弊述评[J].福建体育科技，2015，34（04）：1-3.

[8] 谢丽.从奥运会比赛成绩看运动器材的变化[J].体育文史（北京），2000（04）：52-53.

[9] 杜利军.奥林匹克运动与现代科学技术[J].中国体育科技，2001（03）：6.

[10] 于涛.从哲学角度再认识身体对揭示体育本质的意义[J].上海体育学院学报，2008（03）：18-20.

[11] 张洪潭.体育的概念、术语、定义之解说立论[J].西安体育学院学报，2006（04）：1-6.

[12] 张庭华.走出体育语言：从语言学界的共识看媒体体育语言现象[J].体育文化导刊，2007（07）：50-53.

[13] 黄聚云.从哲学角度再认识身体对揭示体育本质的意义[J].上海体育学院学报，2008（01）：1-8.

[14] 爱德华·萨丕尔.语言论[M].北京：商务印书馆，1985.

[15] 于涛.体育哲学研究[M].北京：北京体育大学出版社，2009.

[16] 董文秀.体育英语[M].北京：人民体育出版社，2009.

[17] 伊恩·罗伯逊.社会学：下[M].北京：商务印书馆，1991：719.

[18] 汪寿松. 论城市文化与城市文化建设 [J]. 南方论丛, 2006（03）: 101.

[19] R.E. 帕克. 城市社会学 [M]. 北京: 华夏出版社, 1987: 41, 154.

[20] 乔尔·科特金. 全球城市史 [M]. 北京: 社会科学文献出版社, 2006: 3.

[21] 卢元镇. 体育社会学 [M]. 北京: 高等教育出版社, 2001: 211.

[22] 乔治·维加雷洛. 从古老的游戏到体育表演 [M]. 北京: 中国人民大学出版社, 2007: 107.

[23] 王祥荣. 生态与环境: 生态可持续发展与生态环境调控新论 [M]. 南京: 东南大学出版社, 2000: 55.

[24] 郑杭生. 体育学概论新编 [M]. 北京: 中国人民大学出版社, 1987: 345.

[25] 周爱光. 体育本质的逻辑学思考 [J]. 武汉体育学院学报, 1999（02）: 19-21.

[26] 熊斗寅. "体育"概念的整体性与本土化思考: 兼与韩丹等同志商榷 [J]. 体育与科学, 2004（02）: 8-12.

[27] 王春燕, 潘绍伟. 体育为何而存在: 20世纪80年代以来我国体育本质研究综述 [J]. 体育文化导刊, 2006（07）: 46-48.

[28] 宋震昊. "体育"本体论（二）: 体育概念批判 [J]. 南京体育学院学报: 社会科学版, 2006（03）: 1-6.

[29] 胡科, 虞重干. 真义体育的体育争议 [J]. 南京体育学院学报: 社会科学版, 2010（04）: 59-62.

[30] 张军献. 寻找虚无上位概念: 中国体育本质探索的症结 [J]. 体育学刊, 2010（02）: 1-7.

[31] 崔颖波. "寻找虚无的上位概念"并不是我国体育概念研究的症结: 与张军献博士商榷 [J]. 体育学刊, 2010（09）: 1-4.

[32] 何维民, 苏义民. "体育"概念的梳理及匡正 [J]. 武汉体育学院学报, 2011（03）: 5-10.